불공평한
은혜

나에겐 관대하고,
자신에겐 불공평하신 하나님

# 불공평한 은혜

노창수 지음

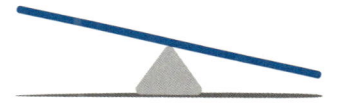

국제제자훈련원

| 추천의 글 |

노창수 목사님은 은혜의 사람입니다. 그래서 불공평조차 은혜라고 설교합니다. 불공평 속에서도 하나님의 손길을 보는 눈이 있기 때문이고, 그 은혜의 시선으로 살아가기 때문일 것입니다.

사실 기독교 신앙의 핵심이 은혜입니다. 그러나 때때로 설교자조차 은혜를 잊고, 율법의 언어로만 외칠 때가 있습니다. 그렇기에 이러한 '은혜의 복음'은 더욱 소중합니다.

저자가 이 주제로 설교집을 펴낸 것은 우연이 아닙니다. 은혜는 그분의 평생 목회의 중심이자 신학의 기초였습니다. 설교와 삶을 일관되게 이끌어 온 본질이 이 은혜의 신학입니다.

은혜의 터치가 필요한 분들, 은혜를 나누고자 하는 모든 전도자에게 이 책을 기쁘게 추천합니다. 이 책을 읽는 모든 분에게 은혜가 있기를!

**이동원** 지구촌목회리더십센터 대표

노창수 목사님은 제가 깊이 존경하는 목회자입니다. 목사님을 떠올릴 때마다 마음 깊은 곳에서 따뜻한 온기가 번져옵니다. 저는 노 목사님을 진심으로 신뢰합니다. 교회와 성도들을 위해 늘 노심초사 기도하는, 선한 목자의 모습을 평생에 걸쳐 보여주신 분입니다. 목사님의 삶은 하나님의 은혜에 사로잡힌 삶이었습니다.

노 목사님은 탁월한 설교자입니다. 설교를 준비할 때마다 말씀 앞에서 떨림과 경외함으로 본문과 깊이 씨름합니다. 그 씨름 속에서 얻은 영감과 은혜를 성도들에게 사랑으로 흘려보냅니다. 설교를 하나의 사명이자 거룩한 순종으로 여기기에 목사님의 설교에는 영혼을 살리는 능력이 있습니다. 목사님의 설교는 이민자들의 마음을 위로하고, 은혜의 복음을 선명히 선포하는 설교입니다. 평생 이민자들의 눈물과 한(恨)을 끌어안고 목양해오신 그 길이 참으로 아름답습니다.

목사님의 설교 속에는 눈물이 있고, 사랑이 있고, 깊은 기도가 스며 있습니다. 설교의 시작부터 끝까지 은혜가 흐르며, 은혜로 문을 열고 은혜로 문을 닫습니다. 그래서 목사님의 설교는 상한 영혼을 다시 세우고 낙심한 이들에게 소망을 회복시켜줍니다.

이 책은 하나님의 은혜를 증언하는 책입니다. 특별히 고난과 역경, 벼랑 끝에서 역사하시는 "불공평할 만큼 풍성한 은혜"를 담고 있습니다. 절망의 골짜기에서 건져주시는 은혜, 포기하고 싶은 순간 붙들어주시는 은혜, 눈물 속에서 새벽을 열어주시는 은혜가 생생하게 드러나 있습니다.

저는 이 책이 이민 목회자들에게는 은혜의 복음을 전하는 귀한 설교 모델이 될 것이라고 확신합니다. 또한 성도들에게는 하나님 은혜를 실제로 경험하도록 인도하는 통로가 될 것입니다. 이 책이 많은 이들에게 은혜의 문을 활짝 열어주기를 기도합니다. 이 책을 읽는 모든 분의 심령 위에 주님의 한없는 은혜가 흘러넘치기를 축복합니다.

강준민 L.A. 새생명비전교회 담임목사

주님 안에서 동역하는 노창수 목사님의 저서 《불공평한 은혜》는 이 시대 교회와 성도들에게 주어진 귀한 선물입니다. 노 목사님은 오랜 세월 목회의 현장에서 복음의 본질을 굳게 붙들며 사역의 고뇌를 은혜로 승화시켜 오신 분입니다. 그 여정 속에서 하나님께서 친히 일하신 손길이 이 책의 곳곳에서 은은하게 드러납니다.

'불공평한 은혜'라는 제목은 인간의 이성과 이해를 넘어서는 하나님 사랑의 신비를 보여줍니다. 그 복음의 진리가 문장마다 온기와 깊이를 더합니다.

책장을 넘기다 보면 독자는 다시 일어설 힘을 얻습니다. 삶의 어떤 순간도 하나님의 은혜가 역사하시는 자리임을 새롭게 바라보기 때문입니다. "바다는 낮아서 모든 물을 받아들인다"라는 고백처럼 자신을 낮출 때 더 깊어지는 은혜의 세계를 만나게 됩니다.

《불공평한 은혜》는 앞만 보며 달려온 21세기 성도들에게, 이미 우리 안에 부어주신 하나님의 사랑을 다시 일깨우는 믿음의 쉼터가 될 것입니다. 이 책을 읽는 모든 분들이 '공평'을 넘어 '은혜'로 다스리시는 하나님의 사랑을 깊이 새기게 되기를 소망하며 일독을 권합니다.

**오정현** 사랑의교회 담임목사

《불공평한 은혜》라는 제목은 그 자체로 깊은 역설을 담고 있습니다. 목회의 험난한 여정을 마무리하며 길어 올린 글들이기에 페이지마다 절절함이 담겨 있습니다. 한 목회자의 평생 사역 속에 녹아 있는 이야기들은 피와 땀, 눈물과 전심의 흔적으로 묵직하게 다가옵니다. 이 귀한 옥고에 추천사를 쓸 수 있다는 것이 개인적으로 큰 영광입니다.

노창수 목사님을 떠올릴 때 저는 세 가지 키워드를 먼저 생각합니다.

첫째, 감사입니다. 목사님은 어떤 것도 당연하게 여기지 않았습니다. 평생 가난한 심령으로 달려오셨고, 이제 피니시 라인 앞에서 그 길을 온전히 마무리하고 있습니다. 진심으로 축하드립니다.

둘째, 하나님의 절대 주권입니다. 어떤 상황에서도 하나님을 신뢰하며 자신의 삶이 하나님의 드라마 속에서 맡겨진 역할을 감당하는 것임을 고백해오셨습니다. 남들과 비교하거나 열등감에 흔들리지 않고, 하나님께서 주신 대본에 충실하게 살아내셨습니다. 하나님이 옳은 일을 하시는 분이기 때문이 아니라 그분이 하신 모든 일이 언제나 옳았음을 온 생애로 증언해오신 분입니다.

셋째, 은혜입니다. 책의 제목처럼, 불공평해 보이는 순간에도 그것이 하나님의 은혜임을 고백하며 살아오셨습니다. 이중 나그네로 살아가는 미주 한인 성도들뿐 아니라, 대한민국의 성도들, 전 세계 디아스포라 성도들에게 이 책은 흔들리는 세상 속에서 흔들리지 않는 삶의 원리를 보여줄 것입니다. 용기와 믿음의 도전을 계속 이어가도록 힘을 주는 귀한 책입니다. 강력히 일독을 권합니다.

**송태근** 삼일교회 담임목사

남가주사랑의교회 최초의 은퇴목사님이 되신 노창수 목사님의 설교집 발간을 진심으로 축하드립니다. 추천사를 부탁받고 원고를 읽어 내려가던 중, 저는 신명기 32장 2절의 말씀이 실제가 되는 경험을 했습니다. "내 교훈은 비처럼 내리고 내 말은 이슬처럼 맺히나니 연한 풀 위의 가는 비 같고 채소 위의 단비 같도다." 기독교 사립대학 총장으로 감당해야 할 무거운 짐과 끝없이 쌓이는 결재 문서들 속에서, 이 설교집은 제 영혼 위에 맺히는 이슬처럼, 때로는 쏟아져 내리는 단비처럼 깊은 은혜를 전해주었습니다.

이 설교집의 특색을 세 가지로 말씀드리고 싶습니다.

첫째, '멈춤'의 은혜입니다. 한 독일 철학자는 "머뭇거림이 긍정은 아니지만, 행동이 노동으로 전락하지 않기 위해 꼭 필요한 요소"라고 말했습니다. 이 책은 그렇게 독자의 걸음을 잠시 멈추게 합니다. 치열한 삶 속에서 '왜 이렇게 달리고 있는가', '내 방향은 맞는가'를 돌아보게 하고, 그 질문 끝에서 하나님의 은혜에 머무는 기쁨을 깨닫게 합니다.

둘째, 단순함 속의 따뜻함입니다. 화가 장욱진은 "내 그림은 단순하다"라고 말했지만 그 단순함에는 깊은 철학과 애정이 담겨 있었습니다. 노 목사님의 설교 역시 그렇습니다. 누구나 읽기 쉬운 언어로 쓰였지만 그 안에는 성도에 대한 따뜻한 시선과 목자의 진심이 녹아 있습니다. 논리와 온기의 균형, 그것이 이민자들의 삶을 오래 품어온 목회자의 설교에서 나오는 특별한 감동입니다.

셋째, 말과 삶이 일치하는 진실함입니다. 목사님은 화려한 언변으로 청중을 압도하는 스타일의 설교자는 아니지만, 설교에는 정직함이 있고, 그 정직함이 설교의 깊이가 됩니다. 삶과 설교 사이에 틈이 생길 때 설교자는 무너지기 쉽지만 목사님의 설교는 삶에서 솟아난 이야기이고 성품에서 흘러나온 고백입니다. 성경의 표현을 빌리자면 성령의 열매를 품은 설교자입니다.

총 12편(신약 9편, 구약 3편)으로 구성된 설교 중 제 마음에 가장 깊은 울림을 준 말씀은 「버티는 것이 은혜」(약 5:7-11)였습니다. "버텨라. 믿음은 버티는 능력이다. 버티는 것이 실력이다. 버티는 자가 살아남고, 버티는 자가 승리하며, 버티는 자가 복을 받는다. 오늘 하루만이라도 버텨라. 맨 앞에 서지 못해도 된다. 그러나 믿는 사람은 반드시 '맨 마지막까지' 버텨야 한다."

**최정권** 한국성서대학교 총장

2014년 처음 노창수 목사님을 만난 이후, 남가주사랑의교회 강단에서 함께 예배하고, 한국에 오셨을 때 여행도 함께하며 대화를 나눈 지 어느덧 12년이 흘렀습니다. 그 시간을 통해 제 마음에 자리 잡은 목사님의 첫 이미지는 일관되었습니다. "하나님의 은혜를 깊이 경험한 진정한 목회자", "말과 삶이 다른 곳이 없는 진실한 목회자."

그런데 은퇴를 앞두고 펴낸 책의 제목이 《불공평한 은혜》임을 보고 제가 품어온 인상이 틀리지 않았음을 다시 확인했습니다. 실제로 은혜를 경험한 사람이기에 평생 강단에서 은혜를 설교했고, 일상의 만남 속에서도 은혜를 흘려보낼 수 있었던 것입니다.

노창수 목사님은 성공이나 성취, 충만함이 아니라 실패, 무너짐, 부족함에서 하나님의 은혜를 찾고 있습니다. 책의 소제목들이 선명하게 보여주듯 '불공평, 실패, 벼랑 끝, 고통, 깨어짐, 노(No), 항복, 부족함, 낮아짐'을 도리어 은혜라고 선포합니다. 어떻게 이런 것이 은혜일 수 있을까요? 그리고 이런 역설적인 고백을 하는 저자는 과연 어떤 분일까요?

책을 읽는 동안 저는 한 가지를 분명히 알 수 있었습니다. 그는 역설의 자리에서 드러나는 하나님의 은혜를 전 생애를 통해 몸소 경험한 분이라는 것입니다. 은혜란 '공평한 분배'가 아니라, '받을 자격이 없는 자에게 주어지는 하나님의 사랑'입니다. 저자는 그 사랑을 평생 맛보고 깊은 실패의 심연도 겪어보았기에 기꺼이 자신을 하나님의 능력에 내어줄 줄 아는 분이었음을 목회 사역의 이야기들을 통해 확인할 수 있었습니다.

토마스 아켐피스의 말처럼, 자신의 깨어짐을 아는 자만이 은혜의 통로가 될 수 있습니다. 저자는 바로 그 '깨어짐의 틈새로 스며드는 하나님의 빛'을 본 사람입니다. 하나님의 '아니(No)'는 인간의 거짓된 '예(Yes)'를 무너뜨리는 사랑의 방식임을 알기에, 그는 그 'No' 가운데서도 은혜를 발견합니다.

게다가 노창수 목사님은 이처럼 성경의 심오하면서도 단순한 진리를 '수다스러운 방식'이 아닌, 담백하고 간결한 문체로 우리의 가슴에 잔잔하지만 긴 파문을 던집니다. 하나님의 은혜가 무엇인지 알고 싶거나, 이미 경험한 은혜에 깊이 공감하기를 원하는 분들, 특히 지금 '불공평, 실패, 벼랑 끝, 고통, 깨어짐, 노(No), 항복, 부족함, 낮아짐' 속에서 고통하며 하나님의 은혜를 깊게 체험하기 원하는 모든 분에게 이 책을 강력히 권합니다. 설교자를 통해 전달되는 하나님의 말씀이 얼마나 강력하고, 달콤하고, 위로가 되는지를 경험하게 될 것입니다.

또한 설교자들에게는 '수다 떠는' 설교가 아닌, 절제되고 간결한 설교가 청중에게 얼마나 더 묵직하고 깊이 있게 다가가는지를 알게 해줄 귀한 지침서가 될 것입니다. 오랜만에 만난, 200미터 아래 암반수 같은 청량감을 느끼게 하는 책이기에 하나님을 사랑하는 모든 분에게 강력히 추천합니다.

**김지찬** 부산 수영로교회 협동목사, 전 총신대학교 신학대학원 구약교수

"하나님은 우리에게는 관대하시지만, 자기 자신에게는 불공평하셨다."

우리는 세상의 불공평함 앞에서 자주 낙심합니다. 누구는 다섯 달란트를 받고, 누구는 하나만 받은 것처럼 느껴질 때 우리는 하나님마저 불공평하다고 생각하기 쉽습니다. 그러나 이 책은 바로 그 '불공평' 속에 숨겨진 하나님의 가장 깊은 은혜를 밝혀냅니다.

주인은 달란트의 양이 달라도 충성된 종을 똑같이 칭찬하셨고, 죄의 크기가 달랐던 탕자 형제에게 동등한 용서를 베푸셨습니다. 심지어 쓰임받은 기간이 하루 한 시간뿐인 일꾼에게도 12시간 일한 사람과 동등하게 관대함을 베푸셨습니다.

이 모든 것은 하나님께서 우리에게 한없이 관대하시기 위해 독생자 예수 그리스도에게는 불공평하셨기 때문에 가능했던 거룩한 은혜입니다. 우리는 모두 하나님이 공평하셨다면 심판받아 멸망했을 '오후 5시 인생'이기 때문입니다. 이 놀라운 복음의 본질, 즉 예수님의 십자가 희생으로 값비싼 대가를 치른 거룩한 은혜를 다시 한번 붙잡고자 하는 모든 성도에게 이 책을 강력하게 추천합니다.

**이찬수** 분당우리교회 담임목사

책의 마지막 페이지를 덮었을 때, 글을 통해 전달되는 노창수 목사님의 마음이 가슴 깊이 스며들었습니다. 그 마음속에는 매일의 삶에서 하나님을 향해 품어온 진실한 애정과 신뢰가 녹아 있으며, 동시에 목사님을 향한 하나님의 더욱 크고 뜨거운 사랑과 열정이 선명히 새겨져 있습니다. 이 책,《불공평한 은혜》는 그 제목처럼 인생의 불공평한 현실, 깊은 상처, 실패, 헤어 나기 어려운 절망의 순간들 속에서도 여전히 변함없이 일하시는 하나님 은혜를 차분하면서도 확신 있게 펼쳐냅니다.

이 책의 울림이 더욱 깊게 다가오는 이유는, 단순히 한 편의 설교를 넘어 목사님의 삶 그 자체를 담아낸 숨결이기 때문입니다. 젊은 날의 위태로운 순간들과 목회 여정에서 마주쳤던 수많은 굴곡 속에서 경험한 하나님의 은혜가 진솔하게 흘러나옵니다. 광야와도 같은 일상의 아픔이, 깊은 밤을 밝히시는 하나님의 불기둥 같은 위로와 씨줄과 날줄처럼 맞물려 아름다운 태피스트리를 이루어내는 모습은 독자에게 잔잔하지만 큰 감동으로 다가옵니다.

저자는 '불공평한 은혜'를 말하지만 사실 그 불공평해 보이는 현실이야말로 하나님의 더 큰 사랑이 드러나는 무대임을 노래하고 있습니다. 세상의 기준으로 도무지 설명할 수 없는 상황 속에서도 하나님은 우리를 빚으시고 마침내 우리에게 기대하시는 선을 이루어가십니다. 우리를 위해 아들을 내어주신 십자가의 '불공평함'을 떠올릴 때, 우리가 불공평하다고 여겼던 모든 현실은 오히려 지극한 자비와 은혜였음을 깨닫게 됩니다. 독자들은 이 책을 통해 인생의 불공평한 끝자락에서 바로 이 '불공평한 은혜'가 우리를 살려내는 구원의 능력임을 발견하게 될 것입니다. 그리하여 하나님은 정말 좋으신 분이시다는 진심 어린 고백을 터뜨리게 될 것입니다.

일생을 바친 목회와 사역에서 얻은 귀한 지혜를 담은 이 책을 통해, 모든 독자가 생수 같은 기쁨과 깊은 위로를 맛보기를 기대하며 강력히 추천합니다.

**류응렬** 와싱톤중앙장로교회 담임목사, 고든콘웰신학대학원 객원교수

불공평할 만큼 흘러넘치는 은혜의 강을 바라보며 이 책을 추천합니다.

성도의 이야기는 결국 은혜의 이야기로 귀결됩니다. 길을 잃은 삶이든, 평탄해 보이는 삶이든, 우리는 모두 하나님의 손길에 이끌려 지금의 자리까지 왔습니다. 그러나 어떤 여정은 유난히 선명하게 그 손길의 흔적이 드러납니다. 노창수 목사님의 이야기가 바로 그렇습니다.

이 책은 은혜가 어떻게 한 사람의 심장을 다시 뛰게 하고, 무너진 영혼을 붙들어 세우며, 평범한 날들을 거룩한 서사로 바꾸는지를 증언하는 깊은 묵상의 기록입니다. 기적 같은 외적 사건이 아니라 '착한 아들'이라 스스로 여겼던 한 청소년이 십자가 앞에서 무너져 자신의 죄를 보고, 부활의 생명을

받아들여 하나님의 사람으로 다시 태어난 그 순간의 기적이 책의 중심에 자리합니다. 이 책은 그 기적의 순간에서 흘러나온 회복의 여정과 그 여정을 말씀으로 풀어내는 은혜의 선포입니다.

노창수 목사님은 자신의 삶을 아름답게 포장하지 않습니다. 담담한 어조로, 고백이라는 말의 본뜻에 충실하게 "나 된 것이 은혜입니다"라는 고백을 반복합니다. 억지 감동이 아니라 하나님 앞에서 오랜 세월 단련된 이만이 들려줄 수 있는 깊고 맑은 고백입니다. 그래서 독자는 이 책을 읽으며 자신의 인생 속에 조용히 흘러온 은혜의 자국을 다시 보게 됩니다. 불공평하게 느껴졌던 시절에도, 실패와 벼랑 끝에서도, 뜻밖의 'No'를 지나오는 과정에서도 하나님은 단 한 번도 멈추지 않으셨음을 확인하게 됩니다. 그리고 마음 깊은 곳에서 용기가 솟습니다. "내 삶도 은혜의 서사 한가운데 있구나." "하나님은 지금도 나를 붙들고 계시는구나."

이 책은 화려한 신학적 논증으로 설득하지 않습니다. 대신 이 땅에서 살게 하시는 은혜, 견뎌주신 은혜, 버티게 하신 은혜, 실패 속에서도 다시 일으키신 은혜를 잔잔하게 펼쳐 보입니다. 지친 이들에게는 위로가, 내일이 두려운 이들에게는 방향이, '은혜'라는 단어를 습관처럼 사용하는 이들에게는 십자가의 무게와 사랑의 깊이를 새롭게 체감하게 할 것입니다.

'불공평한 은혜'는 하나님이 우리를 공평하게만 대하시지 않는다는 역설을 보여줍니다. 그분은 불공평할 만큼 우리를 사랑하십니다.

나는 이 책이 독자의 마음을 다시 깨워 하나님의 은혜 앞으로 조용히 걸어가게 하는 등불이 될 것이라고 확신합니다. 책을 덮고 나면, 당신의 인생 곳곳에 이미 새겨져 있던 그 '불공평한 은혜'의 흔적들이 한층 선명하게 떠오를 것입니다.

**강명옥** 국제제자훈련원 부원장

우리는 흔히 인생이 불공평하다고 말합니다. 이것이 단순한 불평이기보다 그만큼 현실을 살아가기가 버겁다는 솔직한 고백일 것입니다. 저는 한국컴

패션 사역 초기부터 노창수 목사님을 통해 하나님의 긍휼이 한없이 어렵고 연약한 자들에게 어떻게 전달되는지 몸소 경험했습니다. 그렇기에 은혜가 필요하거나 따뜻함과 진실함을 찾고자 할 때 저는 노창수 목사님을 찾습니다. 평생 은혜를 간절히 구해 왔고, 자신보다 다른 이들을 위해 은혜를 구했던 한 사람의 넉넉한 품에 기대어 온 것입니다.

이 책은 바로 그분이 기록한 놀라운 사랑에 대한 이야기입니다. 하나님께서 가장 불공평했던 대상이 다름 아닌 그분 자신이라는, 이 위대한 반전으로부터 은혜를 받아온 저자가 불공평해 보이는 우리 삶 속에서 발견해 낸 놀라운 사랑의 기록입니다.

**서정인** 한국컴패션 대표, 목사

차례

추천의 글  4
여는 글 | 기적보다 더 큰, 은혜  16

## PART. 1 감지덕지한 은혜

| | |
|---|---|
| 1. 불공평이 은혜 | 22 |
| 2. 실패가 은혜 | 36 |
| 3. 벼랑 끝이 은혜 | 49 |
| 4. '나' 된 것이 은혜 | 63 |

## PART. 2 뜻밖의 은혜

| | |
|---|---|
| 1. 고통이 은혜 | 76 |
| 2. 깨어짐이 은혜 | 90 |
| 3. No가 은혜 | 101 |
| 4. 항복이 은혜 | 116 |

## PART. 3 놀라운 은혜

1. 자족이 은혜            130
2. 부족함이 은혜          144
3. 버티는 것이 은혜       157
4. 낮아짐이 은혜          170


닫는 글 | 지금도 은혜입니다    183

| 여는 글 |

# 기적보다 더 큰,
# 은혜

저는 믿지 않는 가정에서 태어났습니다. 어릴 적 우리 집에는 교회나 예수님에 대한 긍정적인 이야기가 없었습니다. 오히려 기독교를 비판적으로 바라보던 분위기 속에서 자랐습니다. 그런 제가 하나님의 자녀가 되고, 신학교에 들어가 목회자의 길을 걷게 된 것은 전적으로 하나님의 은혜입니다.

'은혜'란 받을 자격이 없는 자에게 거저 베푸시는 하나님의 호의입니다. 어떤 이는 은혜G.R.A.C.E를 "그리스도의 희생으로 얻은 하나님의 부요함"God's Riches At Christ's Expense이라 정의했습니다. 하나님께서는 그리스도의 희생을 통해 아무 조건 없이 저를 택하시고, 구원하시며, 주의 일꾼으로 세워 주셨습니다. 그것이 바로 은혜입니다.

돌이켜보면 제 인생은 하나님의 은혜와 기적의 연속이었습니다. 청소년 시절, 수련회에서 호숫가에 나갔다가 보트가 뒤집혀 물에 빠진 적이 있었습니다. 수영도 못하고 구명조끼도 없이 가라앉던 저를, 하나님은 친구들의 손을 통해 기적처럼 건져 올리셨습니다.

젊은 날에는 축구 경기 도중 총격 사건에 휘말린 적도 있습니다. "탕! 탕탕!" 이어지는 총성 속에서도 저는 장난인 줄만 알고 피하지도 않았습니다. 그런데 단 한 발의 총알도 제게 닿지 않았습니다. 지금 생각해보면 그 순간 역시 하나님의 보호하심이었습니다.

결혼 후, 신학교에 가기 위해 LA에서 댈러스로 차를 몰고 가던 중 대형트럭과 접촉 사고가 났습니다. 트럭이 제 차를 옆에서 긁고 지나갔지만 저는 물론 보조석에 있던 아내도 다치지 않았습니다. 그날 하나님께서 우리 부부의 생명을 지켜주셨습니다. 신혼 초에 함께 세상을 떠날 수도 있었던 그 순간, 주님은 생명의 주권자이심을 분명히 보여주셨습니다.

그 외에도 제 인생에는 수많은 위기와 하나님의 간섭이 있었습니다. 4·29 LA 폭동 때 밤새 교회를 지키며 생명의 위협을 느꼈던 일, 선교지에서 범람한 강을 건너다 죽을 뻔한 일, 비행기 착륙 중 랜딩기어 고장으로 강한 충격을 받았던 일…. 그 모든 순간마다 하나님은 한결같이 저를 붙들어주셨습니다.

하지만 제 삶에서 가장 큰 기적은 예수 그리스도를 믿게 된 일입니다. 그전까지 저는 스스로 '착한 아들'이라 생각하며 살았습니다. 그런데 청소년 수련회에서 말씀을 듣던 중, 죄로 인해 영적으로 죽어 있던 제 모습을 깨닫게 되었습니다. 그 자리에서 예수님을 제 구주와 주인으로 영접했고, 그 순간 주님께서 제 이름을 생명책에 기록해주셨습니다. 죽었던 영혼이 살아난 이것이야말로 제 인생에서 가장 큰 기적이며 하나님의 은혜입니다.

그 후, 반(反)기독교 가정에서 자라 영적으로 미숙했던 제가 하나님의 부르심을 따라 목회의 길을 걷게 되었습니다. 사랑하는 아내와 함께 가정을 이루고, 귀한 딸을 선물로 받았습니다. 돌아보면 지난 38년 동안 동부와 서부 곳곳에서 이민 교회를 섬길 수 있었던 것은 사람의 계획대로 된 것이 아니라 오직 하나님의 전적인 은혜였습니다.

찬송가의 가사처럼 "아, 하나님의 은혜로 이 쓸데없는 자, 왜 구속하여 주는지" 전 알 수 없습니다. 또 하나님의 자녀로 살아가며 찬양하고 예배하며 복음을 전할 수 있는 삶도 당연한 것이 아니라 온전히 은혜였습니다. 이 고백이 바로 제 인생의 노래입니다. 저는 그저 놀라고 감사하고 감히 감지덕지할 뿐입니다.

하나님의 은혜는 결코 글로 다 표현할 수 없습니다. 그러나 그 은혜를 마음에 새기며 조금이라도 나누고자 이 책을 내놓습니다. 요즘 '은혜'라는 단어가 너무 쉽게, 너무 가볍게 쓰이고 있지만 하나님의 은혜는 결코 값싼 것이 아닙니다. 그것은 그리스도의 십자가 위에서 값비싼 대가로 치러진 거룩한 은혜입니다. 그 은혜를 붙잡고 살아가는 삶이 얼마나 복된지를 함께 나누고 싶습니다.

지난 38년의 목회 여정 동안, 부족한 저를 믿고 동행해준 아내, 끝까지 아버지를 응원해준 딸 그리고 남가주사랑의교회와 와싱톤중앙장로교회 성도님들의 기도와 사랑, 이 모두가 제 인생 속에 새겨진 하나님 은혜의 흔적입니다. 바쁜 사역 가운데서도 정성껏 추천사를 써주신 목사님들과 전도사님께 진심으로 감사드립니다.

"그러나 내가 나 된 것은 하나님의 은혜로 된 것이니"(고전 15:10).

# PART. 1
# 감지덕지한 은혜

## 감지덕지한 은혜 1
# 불공평이 은혜

눅 15:26-32

세상은 불공평하다. 누구는 금수저 물고 태어나고, 누구는 흙수저를 물고 태어난다. 누구는 건강하게 자라지만 누구는 태어날 때부터 병약하다. 누구는 공부를 잘하지 못했어도 지금은 '사모님' 소리를 듣고, 누구는 전교 10등 안에 들었어도 이제는 '아줌마'로 불린다. 누구는 "제가 차 옮기겠습니다, 회장님"이라며 여러 사람에게 특별대우를 받고, 누구는 "아저씨, 빨리 차 빼세요!"라고 푸대접을 받는다. 어떤 이는 부모에게서 유산을 물려받아 "가진 건 돈밖에 없다" 말하며 떵떵거리지만 또 누구는 성실히 일해도 매달 월세 걱정에 시달린다.

이렇게 보면 세상은 정말 불공평한 게 맞다. 그렇지만 적어도 하나님만큼은 공평해야 하지 않을까 하는 생각이 든다. 하나님은 정말 공평하신가? 특히 하나님의 자녀인 우리에게는 공평하신가? 만약 하나님이 공평하시다면, 왜 누구는 좋은 부모 밑에서 사랑받으며 자라고, 왜 누구는 태어나자마자 버려지거나 입양되어야 할까? 왜 누구는 건강하게 태어나고, 누구는 평생 불편한 몸으로 살아야 하는가? 왜 어떤 사람의 병은 기적으로 치료를 받아 백세가 넘도록 살고, 왜 어떤 사람은 젊은 시절에 어린 자녀를 남겨둔 채 세상을 떠나야 하는가? 왜 어떤 이만 자녀라는 선물을 받는가?

## 불공평이 시작될 때
## 은혜가 움직인다

정말 하나님은 공평하신가? 어려운 질문이다. 사실 우리는 하나님께서 행하시는 일 혹은 허락하시는 일을 다 이해할 수 없다. 때로는 불공평하게 보이기도 한다. 적어도 우리 기준에서는 그렇다. 하지만 공평하신 하나님은 그 불공평해 보이는 일들 속에서도 결국 합력하여 선을 이루신다. 선한 결과를 빚어내시고, 하나님의 약속과 목적을 완성하신다. 그러므로 겉으로는 불공평해 보여도, 그 안에는 하나님의 은혜와 공평이 숨어 있다.

그 은혜를 성경 속 세 가지 비유를 통해 살펴보자.

**첫째, 다르게 나누셨지만 똑같이 칭찬하신 은혜**

예수님은 이렇게 말씀하셨다. "또 어떤 사람이 타국에 갈 때 그 종들을 불러 자기 소유를 맡김과 같으니"(마 25:14). 주인은 세 종에게 각각 5달란트, 2달란트, 1달란트를 맡기고 먼 나라로 떠났다. 당시 1달란트는 약 20년 치 품삯에 해당하는 거액이었다. 종의 입장에서는 평생 만져보지 못할 돈이다.

그런데 1달란트 받은 종은 주인의 분배가 불공평하다고 느꼈다. 누구는 5달란트, 누구는 2달란트인데 왜 나는 하나뿐인가. 그는 상대적 박탈감을 느꼈다. 더욱이 주인은 '각각 그 재능대로'(25:15) 나누어 주었다고 했다. 그는 주인의 시선 속에서 능력에 대한 차별뿐 아니라 인정받지 못했다는 서운함까지 느꼈다. 자신이 주인에게 덜 인정받았다는 생각이 들자 가장 속상했다. 우리도 그렇지 않은가? 월급이 적은 것도 기분이 좋을 리 없지만, 나와 비슷하거나 더 일을 못한다고 생각하는 누군가가 나보다 더 많이 받고 있으면 마음이 더 상한다. 1달란트 받은 종은 자신을 믿어주지 않는 주인이 불공평하다고 생각했을 것이다.

그러나 만약 그가 다른 종들이 얼마를 받았는지 몰랐다면 어땠을까? 자신을 신뢰하고 20년 치 봉급에 해당하는 돈을 맡긴 주인을 오히려 감사히 여겼을지도 모른다.

그렇다. 결국 우리가 하나님을 불공평하게 느끼는 가장 큰 이유는 '비교' 때문이다. 사람마다 받은 달란트의 양도, 질도 다르다. 돈, 건강, 지능, 재능 등에서 어떤 이는 다섯을 받았고, 어떤 이는 두 개를 받았으며, 나는 하나밖에 받지 못한 듯 느껴질 때가 있다. 그럴수록 나만 초라해 보이고, 나만 부족해 보인다. 아무리 애써도 나아지지 않으니 결국 하나님은 불공평한 분이라고 느낀다. 그럴 때 "낙심하지 말라, 최선을 다하면 반드시 열매를 맺는다"라는 말이 무슨 위로가 되겠는가? 뇌성마비로 태어난 사람에게 "최선을 다하면 올림픽 금메달을 딸 수 있다"라는 말이 공허하게 들리는 것과 같다.

하지만 하나님의 자녀는 다르다. 우리는 불공평해 보이는 상황 속에서도 하나님의 공평한 은혜를 발견할 수 있어야 한다.

긴 여행을 마치고 돌아온 주인은 5달란트를 남긴 종과 2달란트를 남긴 종을 똑같이 칭찬했다. 그러나 1달란트를 땅에 묻어둔 종은 꾸중을 들었다. 그가 칭찬받지 못한 이유는 이윤을 남기지 못해서가 아니었다. 주인의 뜻을 거스르고, 주어진 달란트를 아예 사용하지 않고 땅에 묻었기 때문이다. 만약 그가 주인의 뜻을 따라 최선을 다해 일했더라면, 비록 10분의 1달란트밖에 남기지 못했더라도, 아니 이익을 내지 못했더라도 주인은 그를 똑같이 칭찬했을 것이다. 세상은 결과를 보고 판단하지만 하나님은 중심을 보시고 판단하신다.

빌리 그레이엄 목사는 '20세기 최고의 복음 전도자'로 불린다. 그의 사역을 통해 수많은 영혼이 예수 그리스도를 믿게 되었다. 그는 생전에 현장 집회로만 2억 명 이상에게 복음을 전했고, 미디어를 통해서는 전 세계 22억 명에게 복음을 전했다. 또한 12명의 미국 대통령에게 신앙적 조언을 건넨 영적 멘토이기도 했다. 그는 분명 하나님께 크게 쓰임받은, 다섯 달란트보다 더 많은 달란트를 받은 사람일 것이다.

서울 양화진 외국인선교사 묘원에는 145명의 선교사와 47명의 선교사 자녀가 묻혀 있다. 그들은 미개한 조선 시절부터 일제강점기, 6·25 전쟁의 참혹한 시대까지, 한국의 어두운 역사와 함께하며 복음을 위해 자신의 삶을 내어놓았다. 그러나 그중에는 이질이나 말라리아, 장티푸스 같은 질병으로 젊은 나이에 세상을 떠난 경우가 많았다. 그들 중에는 한 명의 영혼도 전도하지 못하고 눈을 감은 선교사도 있었다. 세상 기준으로 보면, 빌리 그레이엄은 다섯 달란트를 남긴 반면 그들은 한 달란트조차 활용하지 못한 실패자일지 모른다. 그러나 하나님의 시선은 다르다. 하나님은 복음을 위해 자신의 생명을 드린 그들을 동일하게 칭찬하신다.

뇌성마비로 태어나 평생 남을 도울 형편이 아니었더라도,

하나님은 그 마음의 중심을 보시고 "착하고 충성된 종아"라고 말씀하신다. 눈에 보이는 업적과 성취가 아니라 순종과 중심을 보신다. 이것이 바로 불공평 속에 숨은 하나님의 은혜다. 그러므로 우리는 돈이 없다고, 건강이 약하다고, 재능이 부족하다고 불공평을 탓하기보다, 중심을 보시고 동등하게 칭찬하시는 하나님의 은혜를 기억해야 한다. 불공평해 보이는 세상 한 가운데에도 우리를 향한 하나님의 공평한 사랑과 은혜가 숨쉬고 있음을 감사해야 한다.

## 죄는 다르지만, 용서는 하나다

**둘째, 죄의 크기는 다르지만 용서는 동등한 은혜**

탕자의 비유를 보자. 아버지의 재산을 미리 받아 먼 나라로 떠난 둘째 아들은 허랑방탕하게 살다가 결국 알거지가 되어 돌아왔다. 그런데 아버지는 그를 종이 아니라 다시 '아들'로 맞이했다. 이미 아들의 자격을 잃은 탕자에게 아버지는 한없는 은혜를 베푸신 것이다. 그러나 그 광경을 본 큰아들은 분노했다. "내가 여러 해 아버지를 섬겨 명을 어김이 없거늘 내게는 염소 새끼라도 주어 나와 내 벗으로 즐기게 하신 일이 없더니"(눅 15:29).

큰아들이 분개한 이유는 분명했다. 아버지 곁에서 묵묵히 헌신한 자신이 아니라 방탕하게 살다 돌아온 동생이 잔치의 주인공이 된 것이 마음에 들지 않았다. 또한 아버지가 동생에게 다시 유산의 일부를 나누어 줄지도 모른다는 불안이 있었다. 그때 아버지는 이렇게 안심시켰다. "아버지가 이르되 얘 너는 항상 나와 함께 있으니 내 것이 다 네 것이로되"(눅 15:31). 하지만 큰아들은 여전히 마음을 열지 못했다. 동생을 아무 조건 없이 받아준 아버지가 이해되지 않았다.

사실 두 형제 모두 아버지께 죄를 지었다. 동생은 재산을 탕진하고 집안을 욕되게 하며 아버지의 마음에 깊은 상처를 남겼다. 반면 형은 겉으로 보기에 아무 잘못이 없어 보였다. 집을 나가지도 않았고, 재산을 낭비하지도 않았다. 오히려 오랫동안 아버지 곁에서 성실히 일하며 집안을 지켰다. 그러나 그는 자기 의에 사로잡혀 결국 아버지께 죄를 지었다. 죽었다가 살아 돌아온 동생을 '창녀들과 놀아난 자'라 비난하며, 아버지가 베푸신 잔치에 들어가기를 끝내 거부했다. 손님들이 보는 앞에서 아버지께 공개적으로 항의하며 그분의 얼굴에 먹칠을 했다.

과연 어느 아들의 죄가 더 클까? 사실 이 비유에는 탕자가 둘 있다. 집을 떠난 탕자와, 집 안에 머물렀지만 마음은 이미 떠난 탕자다. 두 사람 모두 결국 아버지를 떠난 상태였다. 한 사람은 몸으로, 다른 한 사람은 마음에서 멀리 떠난 것이 다를 뿐이다. 당시 예수님은 집 밖의 탕자를 통해 세리와 죄인들을, 집 안의 탕자를 통해 바리새인과 서기관들을 비유하셨다. 집 밖의 탕자는 개인적으로 아버지를 모욕했다면 집 안의 탕자는 공개적으로 아버지를 모욕했다. 겉으로는 효자 같았지만 그의 마음은 이미 오래전에 아버지를 떠나 있었다. 그러나 아버지는 두 아들의 죄의 크기를 따지지 않았다. 둘 다 동등하게 용서하셨다. 차별 없이 은혜를 베푸셨다.

어느 목사님이 설교 중에 이렇게 물었다. "여러분 중에 미워하는 사람이 하나도 없는 분은 손을 들어보세요." 아무도 손을 들지 않자 다시 물었다. "정말 아무도 없나요? 한 분이라도 손을 들어보세요." 그러자 뒤쪽에 앉아 있던 백세 가까운 노인이 천천히 손을 들었다. 목사가 감격해서 물었다. "어르신, 어떻게 하면 미워하는 사람이 없을 수 있나요? 그 비결을 가르쳐주세요." 노인은 힘겹게 웃으며 이렇게 말했다. "응… 미워하던 사람들이 있었는데… 다… 죽었어."

하나님 앞에서는 모든 죄가 동등하다. 예수님 밖에 있는 자에게는 그 죄의 삯이 모두 동일하게 사망이다. 그러나 예수님 안에서 회개하는 자에게는 죄의 크기와 상관없이 모든 죄가 동등하게 용서된다. 다윗의 살인죄도, 삭개오의 횡령죄도, 그 어떤 죄도 예수님 안에서는 사함받는다. 끝이 없는 용서, 그것이 바로 불공평 속에 담긴 하나님의 은혜다. 우리는 그 동등한 용서의 은혜를 받은 자들이다. 그러므로 더 늦기 전에 용서하라. 서로에게 용서를 구하라. 그리고 그 은혜 앞에 감사하라.

**셋째, 쓰임받은 기간은 다르지만 동등한 관대함을 베푸시는 은혜**
　포도원의 비유를 보자. 포도원 주인은 오전 6시, 9시, 12시, 오후 3시 그리고 오후 5시까지 여러 차례 일꾼들을 고용했다. 하루 일이 끝나자 주인은 모든 일꾼에게 품삯을 주었다. 그런데 놀랍게도 오후 5시에 와서 1시간밖에 일하지 않은 사람에게, 아침 6시부터 12시간을 일한 사람과 똑같은 삯을 주었다. 그러자 가장 먼저 와서 종일 수고한 일꾼이 불평했다. "나중 온 이 사람들은 한 시간밖에 일하지 아니하였거늘 그들을 종일 수고하며 더위를 견딘 우리와 같게 하였나이다"(마 20:12).
　그의 불평은 요약하자면 이렇다. "어떻게 12시간을 일한 사람과 1시간만 일한 사람을 똑같이 대우할 수 있습니까?" 그 말대로 정말 주인은 불공평한 것일까? 아니다. 주인은 12시간 일한 사람에게 불공평하지 않았다. 그는 약속한 품삯을 그대로 지불했다. 다만 일하고 싶었지만 고용되지 못해 1시간밖에 일하지 못한 사람에게 특별히 관대했을 뿐이다.
　주인의 관대함이 불공평하게 보인 사람은 누구였을까? 바로 '오전 6시 인생'이다. 그는 정당한 임금을 받았지만 '오후 5

시 인생'과 자신을 비교하는 순간 주인의 선함이 불공평으로 왜곡되었다. 반대로 주인의 관대함이 은혜로 다가온 사람은 '오후 5시 인생'이었다. 그는 자격도, 시간도 부족했지만 주인이 주신 기회 자체를 은혜로 받아들였고, 그 은혜에 감사했다.

그러나 주인은 오후 5시 인생에게만 관대한 것이 아니었다. 오전 6시 인생에게도, 정오에 온 인생에게도 모두에게 관대했다. "12시간 일하고 약속대로 1데나리온을 받은 것이 어떻게 관대함이냐"라고 말할 수도 있다. 하지만 생각해보라. 만약 그날 주인이 그를 불러주지 않았다면, 그는 하루를 허비하고 가족의 끼니를 걱정해야 했을 것이다. 주인은 매시간 새 일꾼들을 불러 세웠다. 단지 노동력이 필요해서가 아니라 그들에게 '일할 기회'를 주기 위함이었다. 그날 품삯보다 더 큰 은혜는 '고용된 것' 자체였다.

주인은 불공평하지 않았다. 오히려 손해를 감수하면서까지 모두에게 기회를 주었다. 일할 수 있게 하신 것도 은혜요, 약속한 품삯을 그대로 주신 것도 은혜였다. 주인은 스스로 손해를 본 것뿐이다. 이것이 바로 쓰임받은 기간은 달라도 모두에게 동등하게 임하는 하나님의 관대함이다.

포도원의 비유는 곧 천국 비유다. 포도원 주인은 하나님이시며 우리는 그분의 은혜로 부르심을 받아 포도원에 들어간 일꾼들이다. 그렇다면 하나님은 여러분에게 어떤 분인가? 공평하신가 아니면 불공평하신가? 우리가 스스로 '오전 6시 인생'이라 생각한다면 하나님이 공평하시기를 원할 것이다. 하지만 자신이 '오후 5시 인생'임을 인정한다면, 우리는 하나님의 관대하심을 더 간절히 원하게 된다.

오히려 하나님은 우리에게는 한없이 관대하시지만 자기 자신에게는 불공평하신 분이다. 하나님은 우리를 주의 일꾼으로 부르셨다. 어떤 이는 일찍 부름받았고, 어떤 이는 한참 인생을 산 뒤에야 부름받았다. 그러나 하나님은 포도원 주인처럼 우리를 부르시기 위해 손해를 감당하신다. 우리를 구원하시기 위해 사랑하는 독생자 예수 그리스도를 십자가에 내어주셨다. 우리에게 관대하시기 위해 예수님에게 불공평하신 것이다. 이것이 바로 불공평 속에 담긴 하나님의 은혜다.

한 산부인과 의사의 실수로 뇌성마비 장애를 안고 태어난 아이가 있었다. 태어날 때 울지도 못했고, 자라면서 스스로 몸을 가누지 못했다. 가난한 가정 형편 속에서 친구 한 명 없이 지냈고, 날마다 하나님을 원망했다. 그러다 극적으로 예수님을 만나게 되었지만 여전히 그녀의 일상은 고통의 연속이었다. 몇 미터 떨어진 용변기에 앉기 위해 온몸을 떨며 땀에 흠뻑 젖어야 했다. '하나님, 감사합니다'라는 말 한마디를 하려면 온몸의 힘을 목으로 끌어올려 숨을 크게 들이마신 뒤, 한 음절 한 음절 떨며 힘써야 겨우 말할 수 있었다.

그녀는 그런 삶 속에서 〈공평하신 하나님〉이라는 시를 썼다. 시인은 자신이 가진 것을 노래하지 않았다. 오히려 자신이 가지지 못한 것을 고백하며 그 속에서 은혜를 찾았다. 그녀가 바로 송명희 시인이다.

그녀의 시는 이렇게 시작한다.

나 가진 재물 없으나
나 남이 가진 지식 없으나
나 남에게 있는 건강 있지 않으나.

그리고 이어서, 자신이 '가지지 못한 것'이 아니라 '하나님께 받은 것'을 노래한다.

나 남이 없는 것 있으니
나 남이 못 본 것을 보았고
나 남이 듣지 못한 음성 들었고
나 남이 받지 못한 사랑 받았고
나 남이 모르는 것 깨달았네.

마지막에는 이렇게 고백한다.

> 공평하신 하나님이
> 나 남이 가진 것 나 없지만
> 공평하신 하나님이
> 나 남이 없는 것 갖게 하셨네.

뇌성마비 시인 송명희가 "하나님은 불공평하시다"라고 말해도, 누구도 그녀를 비난할 수 없을 것이다. 세상 눈으로 보면 그 말은 사실이다. 세상 기준으로 하나님은 불공평해 보인다. 그러나 그녀는 바로 그 불공평 속에서 놀라운 은혜를 경험했다.

그 은혜가 무엇인가? 만약 하나님께서 철저히 공평한 기준으로 세상과 우리를 다스리셨다면 우리는 과연 기뻐할 수 있었을까? 하나님이 모든 것을 '공평하게' 계산하신다면 우리 마음은 시원할지 몰라도 우리 영혼은 소망이 없을 것이다.

## 공평보다 깊은 은혜, 그것이 복음이다

기억하라. 우리는 모두 은혜로 부름받은 '오후 5시 인생'이다. 하나님이 공평하셨다면 우리는 이미 심판받아 멸망했을 자들이다. 하나님이 불공평하셨기에, 곧 우리에게 관대하셨기에 우리는 용서받았고 구원받았으며 하나님의 일꾼으로 쓰임받을 수 있었다. 천국 소망 또한 그 불공평한 은혜 덕분이다.

하나님은 불공평하시다. 자기 자신에게 불공평하시고, 독생자 예수님께 불공평하셨다. 그러나 그 불공평은 자격 없는 죄인인 우리에게는 은혜가 되었다. 하나님은 우리에게 구원의 은혜를 주셨다. 달란트의 양이 달라도 하나님은 동등하게 칭찬하신다. 죄의 크기가 달라도 하나님은 동등하게 용서하신다. 쓰임받은 시간이 달라도 하나님은 동등하게 관대하신다.

하나님은 불공평하셨기에 우리를 품으셨다. 그 불공평 덕분에 우리는 여전히 사랑받고, 여전히 기회를 얻는다. 은혜란 바로 그 불공평에서 시작된 이야기다.

**감지덕지한 은혜 2**

# 실패가 은혜

삼하 24:14-17

'실패는 성공의 어머니'라는 말이 있다. 하지만 이 말은 실패한 사람에게 잠시 위로는 될지 몰라도, 현실에서 실패는 언제나 아픔과 고통으로 다가온다. 실패하면 부끄럽고, 마음이 위축된다. 자신을 탓하며 열등감에 빠지고, 사람들을 피하며 숨어 지내고 싶어진다. 그리고 다시 시작하기가 두렵다. 그러나 실패는 인생의 일부이기도 하다. 우리는 학업에서, 사업에서, 결혼에서, 자녀 양육에서, 신앙생활에서 수없이 실패한다.

어느 설교자가 아브라함이 모리아산에서 이삭을 바친 이야기를 전했다. 그는 아들을 바친다는 것이 얼마나 어려운 일인지 열정적으로 설명했다. 그런데 그 설교를 듣던 한 영어권 목사가 고개를 절레절레 흔들며 말했다. "저는 아들이 셋인데요, 셋 다 바치고 싶습니다." 자녀 양육이 얼마나 힘들면 그런 말이 나왔을까.

## 실패는 하나님이 우리에게 다가오시는 방식

성경 속 인물들도 예외가 아니었다. 아브라함, 야곱, 다윗, 삼손, 베드로 모두 실패를 경험했다. 그러나 하나님은 실패한 사람을 포기하지 않으신다. 오히려 그 실패를 사용하셔서 은혜의 통로로 삼으신다. 실패한 사람을 세워 하나님의 뜻을 이루고, 구원의 역사를 완성하신다. 그렇다면 우리의 실패 속에는 어떤 은혜가 담겨 있을까?

**첫째, 실패는 우리를 겸손하게 하기에 은혜다**

하나님은 겸손한 사람을 통해 자신의 뜻을 이루신다. 그러나 실패를 경험하지 않았다면, 우리는 결코 겸손을 배울 수 없었을 것이다. 믿음의 조상 아브라함조차도 예외가 아니었다. 성경에는 그의 치명적인 실수들이 여러 차례 기록되어 있다. 그는 자신의 목숨을 보존하고 심지어 좋은 대접을 받기 위해 바로왕에게 아내 사라를 '누이'라고 속였다. 그로 인해 아내를 빼앗길 뻔하는 위기를 맞았지만 하나님께서 직접 개입하셔서 약속을 지키시고 그를 구하셨다.

그런데 놀랍게도 25년 후, 그는 그 실수를 반복했다. 이번에는 아비멜렉왕에게 또다시 아내를 누이라고 속였다. 왕은 그 말을 믿고 사라를 궁으로 데려가 후궁으로 삼으려 했다. 아브라함은 자신의 두려움 때문에 아내를 위험에 빠뜨렸고, 하나님의 약속 성취를 방해하기에 이른다. 결국 거짓이 드러나 아비멜렉왕에게 크게 꾸지람을 들었다.

아브라함은 자신의 안위를 위해 아내를 위험에 빠뜨렸고, 그 행동으로 하나님의 약속까지 위협했다. 그는 같은 실패를 거듭했다. 그러나 그의 실패에도 하나님의 계획은 단 한 번도 흔들리지 않았다. 하나님은 오히려 그 실패를 통해 아브라함의 자아를 꺾으셨다. 그의 교만을 깨뜨리시고, 겸손한 종으로 다듬으셨다. 그리고 마침내 그는 모리아산에서 자신의 전부인 아들 이삭을 바치는 순종과 믿음을 드러냈다. 하나님은 실패한 아브라함을 자신의 뜻을 이루는 도구로 사용하셨다. 이것이 실패에 담긴 은혜다.

어부 베드로 역시 실패의 자리에서 은혜를 경험했다. 그는 밤새 그물을 던졌지만 단 한 마리의 고기도 잡지 못했다. 피곤하고 낙심한 그의 배에 예수님이 오르셨다. 예수님은 그 배 위에서 말씀을 전하신 후, 지친 베드로에게 이렇게 말씀하셨다. "깊은 데로 가서 그물을 내려 고기를 잡으라"(눅 5:4). 그 말씀은 고된 밤을 보낸 어부에게는 더욱 버겁게 들렸다. 그물을 다시 내리면 또 씻어야 하고, 찢어진 곳이 있으면 기워야 한다. 이미 몸은 지쳐 있었다. 그러나 베드로는 이렇게 대답했다. "선생님, 우리들이 밤이 새도록 수고하였으되 잡은 것이 없지마는 말씀에 의지하여 내가 그물을 내리리이다"(5:5). 실패를 겪은 베드로는 그 자리에서 자신의 한계를 깨달았고, 그 깨짐 속에서 비로소 겸손을 배울 수 있었다.

만약 전날 밤에 그가 고기를 많이 잡았더라면 어땠을까? 몇 마리라도 손에 쥐었다면, 베드로는 목수 출신 예수님의 말에 귀 기울이지 않았을 것이다. 그러나 크게 실패했기에 그는 말씀에 순종할 수 있었다. 그리고 그 순간 놀라운 일이 일어났다. 그물이 찢어질 만큼 고기가 가득 잡힌 것이다. 하지만 예수님은 그를 '성공한 어부'로 부르신 것이 아니라 '실패한 어부'로 부르셨다. 실패는 끝이 아니라 주님이 부르시는 출발점이었다. 실패는 곧 부르심이며 이것이 실패에 담긴 은혜다.

혹시 당신도 지금 삶에서 실패를 경험하고 있는가? 사업에서, 자녀 양육에서, 결혼생활에서 혹은 신앙의 자리에서 무너진 적이 있는가? 성경은 이렇게 말한다. "하나님은 교만한 자를 대적하시되 겸손한 자들에게는 은혜를 주시느니라"(벧전

5:5). 실패는 우리가 붙들고 있던 세상의 것들을 내려놓게 만든다. 내 안의 교만을 깨뜨리고 주님 앞에 다시 낮아지게 한다. 그리고 오직 주님만을 의지하도록 이끈다.

만일 우리가 실패를 겪지 않았다면 어땠을까? 아마 인생이 '나'로 가득 차 주님이 아니라 자신을 의지하며 교만하게 살았을 것이다. 릭 워렌 목사는 이렇게 말했다. "많은 그리스도인이 어려움을 스스로 해결하려고 애쓴다. 그러나 그들에게 필요한 것은 스스로 겸손해져 하나님의 은혜를 구하는 것이다. 결국 어려운 시기를 지나며 우리는 하나님의 도우심을 더 깊이 의지하게 된다." 그렇다. 실패는 우리를 낮추어 주님께로 이끄는 하나님의 은혜이다.

## 실패는 하나님이 우리를 세우시는 방식

**둘째, 실패는 실패자로 끝나지 않게 하기에 은혜다**

하나님은 우리가 실패의 자리에 머물지 않도록 하신다. 오히려 실패를 통해 다시 일어서게 하신다. 성공만 맛본 사람은 오히려 인생의 참된 실패자가 될 수도 있다. 실패는 끝이 아니라 방향을 바로잡게 하시는 하나님의 손길이다.

오병이어의 기적을 행하신 예수님은 제자들을 배에 태워

벳새다로 가게 하셨다. 그리고 혼자 산으로 올라가 기도하셨다. 그때 제자들은 깜깜한 밤, 거센 풍랑에 휩싸였다. 주님은 죽게 된 그들의 모습을 보시고 외면하지 않으셨다. 풍랑을 뚫고 물 위를 걸어 제자들에게 다가가셨다.

물 위를 걸어오시는 주님을 본 베드로는 외쳤다. "주여 만일 주님이시거든 나를 명하사 물 위로 오라 하소서"(마 14:28). 예수님이 허락하시자 베드로는 물 위로 발을 내디뎠다. 그는 믿음으로 잠시 물 위를 걸었다. 그러나 곧 시선을 주님에게서 바람으로 돌리는 순간, 두려움이 그의 마음을 삼켰다. 주님 대신 상황을 바라보자 그는 곧 물속으로 빠져들었다.

여기서 이렇게 질문해보자. 누가 물에 빠졌는가? 베드로만 물에 빠졌다. 그렇다면 나머지 열한 제자들은 어디 있었는가? 여전히 배 안에 있었다. 그렇다면 다른 제자들은 실패자가 아니고 오직 물에 빠진 베드로만 실패자인가? 아니다. 베드로는 물에 빠졌지만 그 전에 분명히 물 위를 걸었다. 그리고 주님의 손을 붙잡고 다시 일어나 물 위를 걸었다. 그러나 배 안에 남아 있던 제자들은 단 한 걸음도 물 위를 걸어본 적이 없었다. 주님과 함께 물 위를 걷는 기적의 순간을 경험하지 못했다.

누가 진정 실패자인가? 실패가 두려워 배 밖으로 나갈 생각조차 하지 않은 사람이 과연 믿음의 사람인가? 실패가 두려워 아무것도 시도하지 않는 이가 정말 주님을 의지하는 사람인가? 베드로처럼 주님을 믿고 배 밖으로 나와 물 위를 걷다 실패하는 것이, 배 안에서 아무것도 하지 않고 안전한 자리에 머무는 것보다 훨씬 낫다. 주님을 의지하여 발을 내딛는 사람은 때로 실패할 수는 있어도 결코 실패자로 끝나지 않는다.

베드로는 물에 빠졌지만 그 실패 속에서 더 큰 은혜를 경험했다. "배에 있는 사람들이 예수께 절하며 이르되 진실로 하나님의 아들이로소이다"(마 14:33). 다른 제자들은 예수님의 능력을 보며 하나님의 아들이심을 깨달았지만 베드로만이 실제로 그분의 손을 잡고 함께 물 위를 걸었다. 그는 실패 속에서 주님을 직접 만나는 은혜를 누렸다. 이것이 바로 실패 속에 담긴 하나님의 은혜다.

한 기자가 이영표 선수가 영국 프리미어리그 토트넘에 입단했을 때 물었다. "어떻게 슬럼프 없이 꾸준히 성공할 수 있었습니까?" 이 질문을 듣고 이영표 선수는 충격을 받았다고 한다. 자신의 인생에는 수많은 패배와 자책의 순간이 있었기 때문이다. 그는 이렇게 고백했다. "왜 사람들은 나를 슬럼프 없는 선수로 기억할까요? 돌이켜보니 그 실패들이 나를 실패하게 만들지 못했더군요." 실패는 그를 주저앉히지 못했다. 오히려 그를 단단하게 만들었다.

성경은 '실패하지 않는 법'을 가르치지 않는다. 대신 실패했지만 일어선 사람들을 보여준다. 야곱이 대표적인 인물이다.

그는 형 에서와의 관계에서도 실패했고, 결혼생활도 평탄하지 않았다. 자식 농사에서도 실패했다. 아들들은 그를 속였고, 동생 요셉을 노예로 팔아넘기기까지 했다. 그러나 인생의 마지막에서 야곱은 이집트의 왕 바로를 축복하는 자리에 서 있었다. 영성학자 오스왈드 샌더스는 이렇게 말했다. "야곱의 이야기가 우리에게 가르쳐주는 가장 큰 진리는, 어떤 실패도 인생의 끝이 될 필요는 없다는 것이다."

우리는 자신을 실패자라고 생각하는가? 실패했다고 해서 모두가 실패자가 되는 것은 아니다. 초등학교를 두 번 다녔던 윈스턴 처칠, 수천 번 시행착오 끝에 전구를 발명한 토머스 에디슨, 농구 인생에서 9,000번 넘는 슛을 놓친 마이클 조던이 실패자인가? 아니, 그들은 많이 실패했지만 실패자는 아니었다. 아브라함, 야곱, 베드로 역시 수많은 실패를 겪었지만 하나님은 그들을 실패자로 두지 않으셨다. 오히려 그 실패를 통해 하나님의 일을 이루는 사람으로 세우셨다. 이것이 하나님의 은혜다.

그러므로 실패했다고 해서 자신을 실패자로 단정 짓지 말라. 나를 끝까지 사랑하시는 예수님이 계신다. 사랑의 주님은 넘어졌다고 나를 버리지 않으신다. 그분은 우리의 삶을 결코 실패로 끝내지 않으신다. 오히려 다시 일어설 기회를, 두 번째 인생의 문을 열어주신다. 그것이 주님의 은혜다.

## 실패의 자리에 성전을 세우시는 하나님

**셋째, 실패는 실패의 자리를 회복의 자리로 바꾸기에 은혜다**

실패를 겪지 않으면 사람은 자신이 꽤 괜찮다고 착각한다. 부족함을 모르고 현실에 안주하며 회복이 필요하다는 사실조차 깨닫지 못한다. 그래서 주님을 찾지 않는다. 그러나 하나님은 우리의 실패를 회복의 출발점으로 바꾸신다.

선지자 요나는 하나님의 명령을 거역하고 다시스로 도망쳤다. 결국 풍랑을 만나 바다에 던져졌고, 거대한 물고기 배 속으로 들어갔다. 더 이상 피할 곳이 없었다. 물고기 배 속은 요나에게 철저한 실패의 자리였다. 그러나 바로 그 자리에서 요나는 회개했다. 그는 "내가 주의 목전에서 쫓겨났을지라도 다시 주의 성전을 바라보겠다"(욘 2:4)라고 기도했다. 그때 하나님의 은혜가 임했다. 절망의 공간이었던 물고기 배 속이 하나님께 돌아가는 회복의 자리가 된 것이다. 이것이 그의 실패 속에 담긴 은혜였다.

본문 사무엘하 24장은 다윗의 인구조사 사건을 기록한다. 다윗은 교만에 사로잡혀 인구조사를 강행했다. 역대상 21장 1절은 말한다. "사탄이 일어나 이스라엘을 대적하고 다윗을 충동하여 이스라엘을 계수하게 하니라." 사탄이 다윗을 유혹했지만 다윗 역시 자신의 잘못에서 자유롭지 못했다. 그는 자신의 군사력과 힘을 과시하고 싶었다. 그러나 그 교만의 결과는 참혹했다. 하나님께서 천사를 보내 이스라엘에 전염병을 내리셨고, 그로 인해 7만 명이 목숨을 잃었다.

하나님의 천사가 여부스 사람 아라우나의 타작마당 곁에 서 있을 때 다윗은 자신의 죄를 깨닫고 회개했다. 그는 하나님께 간청했다. "이 양 무리는 무엇을 행하였나이까 청하건대 주의 손으로 나와 내 아버지의 집을 치소서"(삼하 24:17). 그러자 하나님은 선지자 갓을 통해 아라우나의 타작마당에서 여호와를 위하여 단을 쌓으라고 명하셨다.

아라우나는 그 땅을 그냥 주겠다고 했지만 다윗은 "값 없이는 번제를 드리지도 아니하리라"고 말하며 은 50세겔로 타작마당과 소를 샀다. 역대상 21장 25절에는 금 600세겔을 주고 모리아산 전체를 샀다고 기록되어 있다. 은 50세겔은 제사 제물과 타작마당의 값이었고, 금 600세겔은 성전이 세워질 모리아산 전체의 값이었다.

다윗은 자신의 죄와 백성의 죄를 위해 아라우나의 타작마당에서 제사를 드렸다. 그 자리는 다윗의 실패의 자리였다. 그러나 하나님은 바로 그곳에 은혜를 내리셨다. 죽음의 천사가 멈춰 선 그 자리가 하나님 임재의 자리, 회복의 자리가 되었다. 실패의 땅이 은혜의 땅으로 바뀐 것이다.

다윗의 생애에는 두 가지 큰 실패가 있었다. 하나는 충신 우리아의 아내 밧세바와 동침한 사건이다. 그 죄는 단순한 간음으로 끝나지 않았다. 그는 죄를 숨기기 위해 우리아를 전쟁터에서 죽게 만들어 살인의 죄까지 범했다. 또 다른 실패는 교만에서 비롯된 인구조사였다. 자신의 군사력과 나라의 규모를 자랑하고 싶었던 그 결정으로 인해 하나님은 전염병을 내리셨고 7만 명이 목숨을 잃었다. 그러나 놀랍게도 하나님은 그 끔찍한 실패조차 은혜로 바꾸셨다.

다윗의 죄로 밧세바가 임신했지만 하나님은 그 여인을 통해 솔로몬이 태어나게 하셨다. 그리고 바로 그 솔로몬이 성전을 짓는 사명을 받았다. 다윗의 실패의 자리에서 하나님의 구속 역사가 시작된 것이다.

또 다른 은혜도 있다. 다윗이 제사를 드렸던 아라우나의 타작마당은 훗날 솔로몬 성전이 세워지는 터전이 되었다. 또한 그 장소는 아브라함이 아들 이삭을 제물로 바쳤던 모리아산이었다. 그리고 모리아산은 신약에서 말하는 갈보리 언덕, 곧 골고다이다. 예수 그리스도께서 그곳에서 십자가에 달리셔서 인류의 죄를 담당하셨다. 하나님은 다윗의 실패의 자리를 인류 구원의 출발점으로 바꾸셨다. 이것이 실패에 담긴 하나님의 은혜다.

하나님은 우리의 실패를 회개의 자리로 바꾸신다. 우리가 주저앉은 바로 그 자리를 하나님의 영광이 임하는 회복의 자리로 바꾸신다.

워터게이트 사건으로 닉슨 대통령이 사임한 뒤 그의 특별보좌관이었던 척 콜슨도 사법방해 혐의로 유죄를 인정받고 교도소에 수감되었다. 그는 감옥에서 예수님을 만난 후 이렇게 고백했다. "내가 범죄자가 된 것, 그것은 내 인생의 가장 큰 실패였지만 동시에 가장 값진 유산이 되었다. 감옥에 갇힌 일, 그것은 삶의 가장 깊은 수치였지만 그 자리에서 하나님은 나를 가장 귀하게 사용하기 시작하셨다. 하나님은 내가 결코 영광을 받을 수 없는 그 수치를, 자신의 영광을 드러내는 도구로 바꾸셨다."

## 실패는 은혜의 문턱이다

우리 가운데 한 번도 실패를 경험하지 않은 사람이 있을까? 혹시 지금 실패의 한가운데에 있는가? 그렇다면 갈보리 언덕의 십자가를 바라보라. 십자가는 겉으로 보면 예수님의 실패처럼 보이지만 실제로는 구원의 완성이다. 십자가는 우리의 실패와 수치, 죄악의 상징이지만 예수님께서 그 십자가에서 우리 죄를 담당하심으로 영원한 생명의 상징이 되었다. 이것이 실패에 담긴 하나님의 은혜다.

그러므로 실패를 두려워하지 말자. 실패는 우리를 낮추고 겸손하게 만드는 은혜다. 우리는 연약하고 부족하지만 하나님은 여전히 우리 안에 은혜를 베푸신다. 다윗처럼 철저히 무너졌을지라도, 다윗처럼 철저히 회개하면 하나님의 은혜가 임한다.

하나님 나라는 우리의 업적이나 성공, 의로움 위에 세워지지 않는다. 오히려 우리의 실패를 통해 교만이 부서지고 자아가 깨지며 그 자리 위에 하나님 나라가 세워진다. 실패는 결코 우리를 실패자로 끝내지 않는다. 실패는 끝이 아니라 하나님이 새 일을 시작하시는 자리다. 우리가 멈춘 그 지점에서 하나님은 회복을 준비하고 계신다.

**감지덕지한 은혜 3**

# 벼랑 끝의 은혜

행 27:39-44

익스트림 스포츠를 즐기는 이들이 있다. 폭포 위에서 몸을 던지듯 카약을 타고 내려오거나, 맨발로 수상스키를 타며 파도를 가르고, 절벽에서 몸을 던지는 다이빙까지 있다. 익스트림 스포츠는 말 그대로 생명을 건 스릴의 세계다. 요즘은 아찔한 절벽에 매달려 하룻밤을 보내는 '절벽 캠핑'까지 등장했다. 해발 900미터 절벽 위, 바람이 쏟아지는 곳에서 밥 짓고 잠을 자는 사람들. 그들은 두려움조차 삼켜버린 강심장들이다. (그런데 문득 궁금해지는 게, 절벽에 매달리면서 화장실은 어떻게 해결할까?)

그런데 우리 인생에도 절벽 끝에 선 듯한 순간이 있다. 마치 벼랑에 간신히 매달려 있는 듯 느껴질 때가 있다. 그런 인생의 절벽은 캠핑처럼 낭만적이지 않다. 한 발만 잘못 내디뎌도 수백 미터 아래로 추락할 것 같은, 숨 막히는 두려움이 도사리고 있다. 그런 벼랑 끝은 더 이상 발붙일 곳도, 물러설 여유도 없는 막다른 길이다. 그곳엔 스릴도, 여유도, 낭만도 없다. 오직 절망과 두려움만 있다.

## 벼랑 끝에서야 비로소 진짜 나를 본다

성경에도 그런 벼랑 끝에 내몰린 한 병자가 등장한다. 예루살렘 성전 북서쪽, 베데스다 연못가에 누워 있던 그는 38년 동안 병을 앓았다. 그곳에는 '물이 움직일 때 가장 먼저 들어가면 병이 낫는다'는 소문이 돌았다. 평소에는 수백 명, 절기 때는 수천 명이 몰려들었다. 그는 연못가에서 수십 년을 기다렸지만 한 번도 먼저 들어가지 못했다. 늘 누군가 앞질렀고, 그는 남겨졌다. 세월이 쌓이듯 절망도 쌓였다. 그의 인생은 눈물과 고통, 낙심과 외로움으로 얼룩진 벼랑 끝 인생이었다. 이런 인생의 특징이 무엇일까?

**첫째, 남 탓하는 인생이다**

예수님을 만난 38년 된 병자는 자신의 병이 낫지 못한 이유를 이렇게 말했다. "아무도 나를 도와주지 않습니다. 다른 사람들이 나보다 먼저 물에 들어갑니다." 그는 38년 동안 치유를 간절히 바랐지만 정작 예수님께 직접 고쳐 달라고 간청하지 않았다. 대신 '아무도 나를 도와주지 않는다'며 다른 사람을 탓했다. 자신의 불행을 남의 탓으로 돌리며, 책임을 외부로 미뤘다. 벼랑 끝 인생의 첫 번째 특징은 이렇게 남 탓으로 가득한 삶이다.

### 둘째, 자포자기한 인생이다

주님은 그 병자에게 "네가 낫고자 하느냐?"라고 물으셨다. 언뜻 보기엔 너무 뻔한 질문이다. 병이 낫고 싶지 않은 사람이 어디 있겠는가? 하지만 주님의 질문은 그가 정말로 낫기를 원하고 있는가 아니면 이미 포기하고 살아가고 있는가를 드러내려는 물음이었다. 그는 "나를 물에 넣어줄 사람이 없습니다"라며 신세를 한탄했다. 이미 병 낫기를 포기한 상태였다. 그래서 주님은 그에게 "무엇이 문제냐"가 아니라 "네가 낫기를 원하느냐"라고 물으신 것이다. 주님의 질문은 그를 절망에서 깨우는 초대였다.

### 셋째, 절망에 빠진 인생이다

선지자 엘리야가 시돈 사르밧의 한 과부를 찾아갔을 때, 그녀는 이미 생의 끝에 서 있었다. 그녀의 전 재산은 한 움큼의 밀가루와 몇 방울의 기름뿐이었다. 그녀는 이렇게 말했다.

"내가 나뭇가지 둘을 주워다가 나와 내 아들을 위하여 음식을 만들어 먹고 그 후에는 죽으리라"(왕상 17:12). 이 말은 단순한 체념이 아니라 절망 선언이었다. 아들만 바라보고 살던 과부가 함께 죽을 준비를 한다는 것은 인생의 벼랑 끝에 선 영혼의 초상을 보여준다.

### 넷째, 죽음의 공포에 사로잡힌 인생이다

사도 바울이 죄인의 신분으로 로마로 압송될 때, 그가 탄 배는 유라굴로라는 거센 광풍을 만났다. 폭풍은 14일 동안 이어졌다. 그 기간 배는 표류했고, 하늘의 해와 별은 보이지 않았다. 아무도 먹지 못했고 모두 죽음을 기다리며 공포에 떨었다. 배 안의 276명은 절망의 어둠 속에서 죽음을 예감하며 서 있었다. 그곳이 바로 인간이 경험할 수 있는 진짜 벼랑 끝이었다.

혹시 지금 인생의 벼랑 끝에 서 있는가? 막다른 골목에 몰려 더 이상 물러설 곳이 없는가? 인생의 로프 끝자락을 겨우 붙잡고 두려움 속에서 버티고 있는가? 《나의 끝, 예수의 시작》의 저자 카일 아이들먼은 벼랑 끝의 인생을 이렇게 묘사한다.

1. 30년 동안 청춘을 바쳐 일했던 직장에서 하루아침에 해고되었을 때

2. 의사에게 앞으로 3개월밖에 살지 못한다는 통보를 받았을 때
3. 믿었던 배우자가 외도하고 집을 떠났을 때
4. 이혼 서류가 내 손에 떨어졌을 때
5. 사랑하는 남편이 갑작스러운 사고로 세상을 떠났을 때
6. 초음파 검사에서 태아의 심장박동이 멈춘 것을 알았을 때
7. 자녀가 학교에서 퇴학당했을 때
8. 치매에 걸린 부모님이 자식의 얼굴조차 알아보지 못할 때
9. 마약이나 도박, 음란물, 게임 중독에서 벗어날 힘이 없을 때
10. 애써 가꿔온 사업이 한순간에 무너졌을 때
11. 집 대출을 갚지 못해 쫓겨날 위기에 처했을 때
12. 내 힘으로는 도저히 해결할 수 없는 문제가 눈앞에 닥쳤을 때
13. 의지할 사람 하나 없는 외로움 속에 있을 때
14. 나를 믿던 모든 사람이 등을 돌렸을 때

이것이 인생의 벼랑 끝이다. 모든 것이 끝난 것 같고, 이제 추락만 남은 것처럼 느껴질 때 우리는 그 끝에서 하나님을 가장 깊이 만난다.

우리는 하나님의 자녀이다. 하나님은 결코 자녀를 벼랑 끝에서 떨어지게 내버려두지 않으신다. 우리가 더 이상 설 힘조차 없을 때 그분은 보이지 않는 손으로 우리를 붙드신다. 우리가 절망이라 부르는 그 끝에서 하나님은 새로운 시작을 준비

하고 계신다. 벼랑 끝은 끝이 아니다. 그곳은 인간의 가능성이 멈추는 자리이지만 하나님의 은혜가 시작되는 곳이기도 하다.

### 내 인생은 이제 끝났다고 느낄 때

그렇다면 하나님은 벼랑 끝 인생에게 어떤 은혜를 베푸실까?

**첫째, 벼랑 끝에서 하나님이 내 편이심을 깨닫는 은혜다**

나인성 과부의 외아들이 죽었다. 평생 아들 하나에 모든 희망을 걸고 살아왔던 그녀의 인생은 한순간에 무너졌다. 꿈도, 미래도, 삶의 의미도 사라졌다. 바로 그때 주님께서 그녀에게 다가오셨다.

"주께서 과부를 보시고 불쌍히 여기사 울지 말라 하시고"(눅 7:13). 예수님은 모든 것을 잃고 절망 가운데 울고 있는 그녀를 보셨다. 그리고 불쌍히 여기셨다. 그녀에게 "울지 말라"고 말씀하시며 그 고통을 품으셨다.

하지만 주님은 거기서 멈추지 않으셨다. 주님께서 죽은 아들의 관에 손을 대셨다. 율법은 시체나 관을 만지는 것을 금하지만 주님은 율법보다 크신 분이셨다. 그분은 사랑으로 죽은 자를 품으셨다. "청년아 내가 네게 말하노니 일어나라." 그 말쏨을 듣고 죽었던 아들이 일어섰다. 절망의 행렬이 생명의 행진으로 바뀌었다.

벼랑 끝에 서 있는 과부에게 예수님은 "울지 말라"고 말씀하신다. 죽음의 끝자락에서 "일어나라"고 명하신다. 그 주님이 오늘 벼랑 끝에 서 있는 나를 보시고 동일하게 말씀하신다.

"울지 말라. 일어나라."

벼랑 끝에 서 있는가? "여호와는 내 편이시라 내가 두려워하지 아니하리니 사람이 내게 어찌할까"(시 118:6). 주님은 내 편이시다. 주님은 사망의 음침한 골짜기에서 나를 인도하시는 선한 목자이시다.

유정옥 사모의 간증이 있다. 남편은 사업으로 하루에 3천만 원씩 벌던 사람이었다. 그러나 신앙이 없던 그는 술과 도박에 빠져 가정을 무너뜨렸다. 보다 못한 아내가 이렇게 기도했다.

"주님, 우리 집의 돈을 다 가져가셔도 좋으니 남편의 영혼만 바르게 잡아주십시오." 기도 후 6개월이 지나자 남편의 사업이 거짓말처럼 무너지기 시작했다. 손대는 일마다 실패했다. 부도가 났고 아내는 큰 병에 걸렸다. 완전한 벼랑 끝이었다. 그러나 그 벼랑 끝에서 부부는 회개했고 다시 하나님께 돌아왔다. 남편은 목사가 되었고 아내는 남편의 목회를 도우면서 암환자들을 돌보았다.

그녀의 고백은 이렇다. "소년 다윗이 골리앗과 싸우면 누가 봐도 다윗이 집니다. 그러나 하나님이 골리앗과 싸우면 누가 봐도 골리앗이 집니다. 양치기 모세가 바로왕과 맞서면 누가 봐도 모세가 집니다. 그러나 하나님이 바로와 맞서면 누가 봐도 바로가 집니다. 하나님이 나의 편이시기에 결국 나는 지지 않습니다."

창조주시며 전능자이신 하나님이 내 아버지이시기 때문이다. 그분은 자녀인 나를 결코 벼랑 끝에서 떨어지게 내버려두지 않으신다. 벼랑 끝에서 우리는 비로소 내 편이신 하나님을 만난다. 그분은 절망의 끝에서 나를 바라보시고 불쌍히 여기시며 넘어져 있던 나를 일으켜 세우신다. 그리고 말씀하신다. "울지 말라. 일어나라." 이것이 바로 벼랑 끝 인생이 누리는 하나님의 은혜다.

**둘째, 벼랑 끝에서 하나님의 개입을 경험하는 '마침내'의 은혜다**

"그 남은 사람들은 널조각 혹은 배 물건에 의지하여 나가게 하니 마침내 사람들이 다 상륙하여 구조되니라"(행 27:44). 사도 바울과 276명은 풍랑 속에서 완전히 벼랑 끝에 내몰렸다. 모든 것이 끝난 줄 알았던 그때, 하나님이 내리시는 '마침내'의 은혜가 임했다. 하나님이 그들의 인생에 개입하신 것이다.

이렇게 된 이유가 있다. 이 풍랑이 일기 2년 전, 주님께서 감옥에 갇힌 바울에게 나타나 말씀하셨다. "담대하라 네가 예루

살렘에서 나의 일을 증언한 것같이 로마에서도 증언하여야 하리라"(행 23:11).

바울에게는 사명이 있었다. 그는 반드시 로마에 가서 복음을 전해야 했다. 그 사명이 완성되기 전까지 그는 결코 죽지 않는다. 그래서 하나님은 풍랑 한가운데서 그를 붙드셨다. 바울의 인생이 바닥에 닿기 직전, 하나님은 '마침내' 개입하셨다. 그를 그리고 함께 있던 276명의 생명을 모두 구하셨다. 하나님은 바울을 통해 로마 복음화의 사명을 이루셨다. 하나님은 사명을 붙잡고 사는 자들에게 '마침내'의 은혜를 주신다.

"아브람이 … 마침내 가나안 땅에 들어갔더라"(창 12:5).

"그 사람이 창대하고 왕성하여 마침내 거부가 되어"(창 26:13).

"이는 다 너를 낮추시며 너를 시험하사 마침내 네게 복을 주려 하심이었느니라"(신 8:16).

"지금이 곧 여호와를 찾을 때니 마침내 여호와께서 오사 공의를 비처럼 너희에게 내리시리라"(호 10:12).

'마침내'란 단어는 단순한 시간의 끝이 아니다. 그것은 하나님의 개입 순간이며, 인간의 한계가 끝나는 그 지점에서 은혜의 문이 열리는 순간이다.

혹시 지금 인생의 벼랑 끝에 서 있는가?

모든 것이 무너진 것 같고, 포기하고 싶은가?

기억하라. 우리는 결코 우연히 태어난 존재가 아니다.

하나님의 계획 안에서 목적을 가지고 이 땅에 보내심을 받은 존재다.

맥스 루케이도 목사는 이렇게 말했다. "당신은 우연이 아니다. 당신은 대량 생산된 존재가 아니다. 당신은 공장에서 일괄적으로 조립된 제품이 아니다. 당신은 최고의 장인이신 하나님께서 의도적으로 계획하시고, 특별한 은사를 주시며, 사랑으로 빚으신 작품이다."

하나님은 우리 각자를 정교하게 설계하셨다. 그리고 그분은 우리의 삶 속에서 당신의 뜻을 반드시 이루신다. 그 사명이 끝나기 전에는 결코 인생이 끝나지 않는다. "끝날 때까지 끝난 것이 아니다." 하나님이 쉼표를 찍은 곳에 당신이 마침표를 찍지 말라. 그분은 여전히 우리의 인생에 개입하신다. 그리고 언젠가 우리도 이렇게 고백하게 될 것이다.

"마침내 하나님의 은혜가 내 인생에 임하였다."

## 추락이 비상이 되는 자리

**셋째, 벼랑 끝에서 하나님의 능력으로 비상하는 은혜다**

바벨론 포로로 잡혀간 다니엘과 그의 세 친구는 여러 번 벼랑 끝에 섰다. 우상에게 절하라는 왕의 명령을 거부하자 그들은 불타는 풀무불 속에 던져졌다. 불을 숭배하는 바벨론 사람들은 죄수를 불 속에 집어넣어 처형했다. 페르시아 왕의 통치 아래에서도 다니엘은 기도를 멈추지 않았다. 그 결과 그는 왕의 금령을 어겼다는 죄로 사자 굴 속에 던져졌다.

풀무불과 사자 굴.

인간은 도저히 피할 길이 없는, 벼랑 끝 중의 끝이었다. 다니엘과 그의 세 친구들은 더 이상 한 발자국도 물러설 수 없는 자리에 서 있었다.

요셉 또한 수 차례 벼랑 끝으로 몰렸다. 17세 소년이던 그는 형들에게 살해당할 뻔했고, 죽음은 면했으나 노예로 팔려 이집트로 끌려갔다. 그곳에서 13년 동안 보디발의 집 노예로 살았다. 보디발은 당시 왕의 경호대장이자 사형 집행을 맡은 군 책임자였다. 아마도 사람 목숨을 파리 목숨처럼 여겼을 것이다. 그에게 팔려간 순간, 요셉의 생명은 이미 끝난 것이나 다름없었다. 그 역시 절망의 끝자락에 서 있었다.

그러나 다니엘과 세 친구는 풀무불에서, 다니엘은 사자 굴에서, 요셉은 노예의 자리에서 죽지 않았다. 그들은 모두 벼랑 아래로 떨어지지 않았다. 오히려 믿음의 날개를 펴고 비상했다. 무엇이 추락을 비상으로 바꾸었는가? 그들이 하나님을 바라보았기 때문이다.

"하나님을 바라보는 이들은 새 힘을 얻는다. 그들은 독수리처럼 날개를 펼쳐 높이 날아오르며, 아무리 뛰어도 지칠 줄 모르고, 아무리 걸어도 피곤치 않다"(사 40:31, 메시지성경).

'바라본다'는 뜻의 히브리어 '카바'는 '기대하다, 소망하다, 신뢰하다'라는 의미를 담고 있다. 그리고 '새 힘을 얻는다'는 말은 문자적으로 '힘을 바꾼다'exchange는 뜻이다. 완전히 방전된 배터리를 새 배터리로 교체하듯 하나님은 자신을 바라보는 자의 인생에 개입하셔서 인간의 힘을 하나님의 힘으로 바꾸신다. 그리하여 추락은 비상으로, 절망은 능력으로 바뀐다.

내 힘이 아니라 하나님의 능력으로 사는 축복,

내 능력이 아니라 하나님의 힘으로 비상하는 은혜,

이것이 바로 벼랑 끝 인생에게 주어지는 하나님의 은혜이다.

### 나의 끝, 예수님의 시작

벼랑 끝은 나의 끝이다. 내 힘의 끝, 내 지혜의 끝, 내 재력의 끝, 내 건강의 끝, 내 인생의 끝이다. 벼랑 끝에는 더 이상 길이 없다. 보이는 것은 오직 추락뿐이다. 그러나 바로 그 자리에서만 깨닫게 되는 놀라운 진리가 있다. 나의 끝이 예수님의 시작이라는 사실이다. 카일 아이들먼은 이렇게 말했다. "내가 나의 끝에 이르렀을 때 그제야 예수님이 내게 실재가 된다."

벼랑 끝에는 길이 없다. 예수님이 그 길이시다. 그분 외에는 다른 길이 없다. 인생의 마지막 선택 카드가 있다면 그것은 예수 그리스도 한 분뿐이다.

벼랑 끝에서 예수께로 돌아오라. 지금까지 붙잡고 의지하던 모든 것을 내려놓고, 오직 예수님께 소망을 두라. 벼랑 끝에서 자신을 의지하면 추락하지만 예수님께 돌아오면 다시 일어선다. 하나님의 능력으로 다시 비상한다.

21년의 결혼생활을 이어오던 한 여인이 있었다. 남편의 외도로 이혼했고, 얼마 지나지 않아 다시 재혼했다. 부모는 조금 더 시간을 두라며 만류했지만 그녀는 듣지 않았다. 결국 1년 만에 또다시 이혼했고, 부모와 형제들 모두 그녀를 향한 실망과 한숨을 감추지 못했다.

그녀는 깊은 상처와 부끄러움 속에서 절망했다. 인생의 벼랑 끝에 섰다. 그런데 그 벼랑 끝에서 아버지를 통해 하나님께로 돌아왔다. 그녀의 고백이다. "나를 꾸짖을 이유가 많으신 아빠가, 오히려 그의 강한 팔로 나를 감싸주셨습니다. 나를 따뜻하게 껴안고 이렇게 말씀하셨습니다. '집에 잘 왔다'Welcome home." 그녀는 세계적인 복음 전도자 빌리 그레이엄 목사의 셋째 딸, 루스 그레이엄이다. 그녀는 벼랑 끝에서 하나님의 품으로 돌아와 새 삶을 시작했다.

벼랑 끝은 끝이 아니다. 그곳은 인간의 힘이 완전히 멈추는 자리이며, 동시에 하나님의 능력이 새롭게 펼쳐지는 자리다. 우리가 더는 나아갈 수 없을 때, 하나님은 그 자리에서 우리를 들어 올리신다. 추락이라 여겼던 순간이, 실은 비상이 시작되는 자리였다. 인생의 끝자락에서 다시 날개를 펼쳐 오르게 하시는 것, 그것이 하나님의 은혜다.

## 감지덕지한 은혜 4
# '나' 된 것이 은혜

고전 15:9-10

"내가 나 된 것은 하나님의 은혜이다"I am who I am by the grace of God.

사도 바울의 이 고백은 신앙의 본질을 꿰뚫는다. 그는 한때 교회를 핍박하고, 믿는 자들을 감옥에 가두던 일에 앞장섰던 사람이었다. 그러나 이제는 이방 세계에 그리스도를 전하는 사도가 되었다. 그는 자신의 변화가 실력이나 노력의 산물이 아니라 전적으로 하나님의 은혜 덕분임을 고백한다. 이 고백은 단순한 신학적 지식에서 흘러나온 말이 아니다. 하나님과의 깊은 만남, 인격적 교제 속에서 우러나온 체험적 고백이다.

우리도 "나의 나 된 것은 하나님의 은혜입니다"라고 고백한다. 연약하나 하나님의 종으로 부름받은 목회자들, 수많은 어려움 속에서도 교회를 세우는 일꾼들, 그리고 세상 한가운데서 빛과 소금의 역할을 감당하며 축복의 유통자로 살아가는 성도들이 함께 드리는 고백이다. 우리 모두는 하나님의 은혜로 지금의 자리에 서 있다.

### 나의 모든 서사는 은혜로 쓰였다

하지만 어떤 때는 이 고백이 그리스도인들의 상투적인 말로 들릴 때가 있다. 사업이 번창하고, 자녀가 명문대에 입학하고, 직장에서 승진하고, 교회에서 장로나 권사로 임직받을 때 삶에 좋은 일들이 이어지고 분에 넘치는 축복을 받을 때마다 혹시 '하나님의 은혜도 모르는 교만한 사람'이라는 말을 들을까 봐 두려운 마음에 무의식적으로 '모든 것이 하나님의 은혜입니다'라고 말하고 있지는 않은지, 그 고백의 진심을 스스로 점검해야 한다.

그렇다면 우리는 어떤 마음으로 "하나님의 은혜입니다"라고 말해야 하는가? 은혜란 받을 자격이 없는 자에게 하나님이 값없이 주시는 선물이다. 조건이 없고, 대가도 없다. 노력의 보상이라면 그것은 은혜가 아니라 삯이다. 은혜는 오직 하나님의 일방적인 사랑에서 흘러나온다.

"내가 나 된 것은 오직 하나님의 은혜다." 단순히 '은혜 받았다'는 의미를 넘어선다. '지금의 내가 은혜'이며, 더 나아가 '내 존재 자체가 은혜의 결과'라는 뜻이다. 구체적으로 무슨 뜻일까?

### 첫째, 내가 날마다 숨을 쉬며 사는 것 자체가 하나님의 은혜다

"호흡이 있는 자마다 여호와를 찬양할지어다 할렐루야"(시 150:6). 생명의 주관자는 하나님이시다. 내가 원한다고 더 살 수 있는 것도, 살기 힘들다고 마음대로 생을 마칠 수 있는 것도 아니다. 내가 오늘 호흡하는 것이 하나님의 은혜이다. 내가 오늘 살아서 하나님께 예배를 드릴 수 있는 것이 하나님의 은혜이다. 오늘도 하나님께서 숨을 쉬게 하시기에 내가 사는 것이다.

성결교회의 유명한 부흥사였던 이성봉 목사는 이렇게 말했다. "오늘 벗어놓은 이 신발을 내일 다시 신을 수 있을까?" 우리는 내일 다시 신발을 신을 수 있을지조차 알지 못한다. 그것은 생명을 주관하시는 하나님의 영역이다.

우리의 심장은 하루에 8만에서 12만 번, 평균 10만 번을 쉼없이 뛴다. 80년을 산다면 무려 29억 번이다. 그렇게 한순간도 멈추지 않고 하루 8,000리터의 피를 온몸에 흘려 보낸다. 만약 단 몇 초라도 멈춘다면 우리의 의식과 생명도 함께 그친다.

날마다 숨 쉬는 순간마다 내 앞에 어려운 일 보네.
주님 앞에 이 몸을 맡길 때 슬픔 없네 두려움 없네.

주님의 그 자비로운 손길, 항상 좋은 것 주시도다.
사랑스레 아픔과 기쁨을, 수고와 평화와 안식을.

우리가 자주 부르는 찬양이다. 심장이 뛰는 순간, 숨이 오가는 매 호흡마다 하나님의 은혜가 흐르고 있다. 단 1초의 생명도, 단 한 번의 숨도 내 힘으로 유지하는 것이 아니다. 오늘 내가 살아 숨 쉰다는 사실, 그 자체가 은혜다.

**둘째, 내가 구원받은 것이 하나님의 은혜다**

"너희는 그 은혜에 의하여 믿음으로 말미암아 구원을 받았으니 이것은 너희에게서 난 것이 아니요 하나님의 선물이라 행위에서 난 것이 아니니 이는 누구든지 자랑하지 못하게 함이라"(엡 2:8-9).

구원은 행위로 얻는 것이 아니라 은혜로 받는 것이다. 노력으로 쟁취하는 것이 아니라 믿음으로 받아들이는 것이다. 우리에게서 비롯된 것이 아니라 하나님께로부터 주어진 선물이다. 그래서 구원은 자랑이 아니라 감사이고, 공로가 아니라 하나님께 돌려야 할 영광이다.

사람들은 삭개오를 "죄인"이라 불렀다. 로마 권력과 결탁해 동족의 피를 짜내던 자, 욕심과 배신으로 얼룩진 인생이었다.

그러나 예수님은 그를 '죄인'이라 부르지 않으셨다. "예수께서 이르시되 오늘 구원이 이 집에 이르렀으니 이 사람도 아브라함의 자손임이로다 인자가 온 것은 잃어버린 자를 찾아 구원하려 함이니라"(눅 19:9-10). 그분은 그를 '잃어버린 자'라 부르셨다. 정죄가 아닌 회복의 언어로, 심판이 아닌 용서의 손길로 다가오셨다. 그에게 자격이 있어서가 아니라 주님께서 잃어버린 자를 찾으러 오셨기 때문이다.

탕자의 비유에서도 마찬가지다. 방탕한 둘째 아들이 거지꼴로 돌아왔을 때 형은 그를 "아버지의 살림을 창녀들과 함께 삼켜 버린 이 아들"(눅 15:30)이라며 차갑게 정죄했다. 그러나 아버지는 그를 다르게 불렀다. "이 내 아들은 죽었다가 다시 살아났으며 내가 잃었다가 다시 얻었노라"(15:24). 아버지는 그를 죄인으로 부르지 않으셨다. 그를 '다시 살아난 아들', '다시 얻은 아들'이라 부르셨다.

이것이 바로 하나님의 은혜다. 우리를 죄인으로 정죄하지 않으시고, 조건 없이 자녀로 회복시키시는 은혜, 잃어버린 자를 찾아 품으시는 아버지의 사랑. 그 은혜가 나를 구원했다. 내가 구원받은 것은 전적으로 하나님의 은혜다.

요한복음 8장을 보자. 예수님 앞으로 한 여인이 끌려왔다.

간음 현장에서 붙잡힌 여인이었다. 유대인들은 율법에 따라 그녀를 돌로 쳐 죽이려 했다. 그때 예수님께서 말씀하셨다. "너희 중에 죄 없는 자가 먼저 돌로 치라." 사람들은 하나둘 돌을 내려놓고 떠났다. 그리고 예수님은 마지막에 남은 그 여인에게 말씀하셨다. "나도 너를 정죄하지 아니하노니 가서 다시는 죄를 범하지 말라"(요 8:11).

율법의 기준으로 보면 그녀는 돌에 맞아 죽어야 할 죄인이었다. 그러나 예수님은 정죄하지 않으셨다. 오히려 자비와 용서의 눈으로 바라보셨다. 그녀가 먼저 변명했기 때문도, 완전한 회개를 보였기 때문도 아니다. 그저 주님 앞에 있는 그대로의 모습으로 서 있었기 때문이다. 그 순간, 주님은 그녀를 죄인으로 보지 않으시고 새로운 인생으로 초대하셨다. 이것이 바로 하나님의 은혜이다.

나 역시 미국에 와서 그 은혜를 깊이 경험했다. 내가 미국에서 받은 가장 큰 복은 물질도, 환경도 아니었다. 예수님을 믿어 구원받은 복, 그것이 내 인생의 가장 큰 은혜다. 나뿐 아니라 온 가족이 구원받았다.

기독교와 전혀 상관없던 집안이었다. '예수가 밥 먹여주느냐'며 비아냥거리던 아버지 밑에서 자랐다. 양반 가문이라는 자부심 하나로 믿음을 조롱하며 살던 집안이었다.

그런데 하나님께서 우리 가정을 한국 땅에서 미국 땅으로 옮기셨다. 그곳에서 복음이 우리 가문을 찾아왔다. 장인의 모든 형제도 미국으로 이주하여 그 땅에서 뿌리내렸고, 이제는 부모 세대에서 아들 세대, 손자 세대까지 가족 대부분이 예수님을 믿게 되었다. 그분의 은혜는 한 사람을 넘어, 세대를 지나 흘러갔다. 이것이 내 인생에 임한 놀라운 하나님의 은혜이다.

## 시간·재능·물질… 모두 은혜의 도구

**셋째, 내가 하나님 나라를 위해 쓰임받는 것이 하나님의 은혜다**

하나님은 우리 각자에게 귀한 선물을 주셨다. 그것은 곧 '3T'—**T**ime(시간), **T**alent(달란트), **T**reasure(물질)—이다. 이 세 가지는 단순한 자원이 아니라, 하나님께서 우리를 그분의 나라를 위해 부르시고 쓰시기 위해 주신 은혜의 도구이다.

### 1) 하나님이 주신 '시간'으로 쓰임받는 것

"세월을 아끼라 때가 악하니라"(엡 5:16). 시간은 무한하지 않다. 우리에게 주어진 시간은 정해져 있고, 단 1초도 더 늘릴 수 없다. 그래서 시간은 생명과도 같다. 하나님께서 내게 주신 그 생명의 시간을 헛되이 낭비하지 않고, 주의 나라를 위해 의미 있게 사용하는 것이 곧 '세월을 아끼는 것'이다.

여기서 '아끼라'(엑사고라조)는 말은 '건져내라'는 뜻이다. 악한 시대 속에서 하나님을 위해 시간을 건져내는 일, 그것이 신앙인의 삶이다. 하루하루를 주의 영광을 위해 드릴 때, 그 시간은 그냥 흘러가는 시간이 아니라 영원을 향해 이어지는 시간이 된다. 내 시간이 하나님께 쓰임받는 것, 그것이 은혜이다.

### 2) 하나님이 주신 '달란트'로 쓰임받는 것

"또 어떤 사람이 타국에 갈 때 그 종들을 불러 자기 소유를 맡김과 같으니 각각 그 재능대로 한 사람에게는 금 다섯 달란트를, 한 사람에게는 두 달란트를, 한 사람에게는 한 달란트를 주고 떠났더니"(마 25:14-15). 주인은 떠나기 전, 종들을 불러 각자의 재능에 따라 달란트를 맡겼다. 주인은 종들의 재능을 인정해주었다. 그 재능에 따라 각기 다른 양의 달란트를 맡겼다. 이것이 주인이 종들에게 베푼 은혜이다.

본문에서 주인이 종들에게 맡긴 달란트는 '금 달란트'를 의미한다. 주인은 세 종을 불러 각각 다섯, 둘, 한 달란트를 맡겼다. 그들에게 맡겼다는 것은 곧 신뢰의 표현이었다. 노동자의 하루 품삯이 한 데나리온이라면, 금 한 달란트는 약 6천 데나리온으로 20년 치 임금, 오늘날로 치면 약 10억 원(연봉을 5천만 원이라고 가정)에 해당하는 거액이다. 즉, 1달란트만 받아도 평생 만져보기 어려운 큰 은혜를 받은 것이다.

다섯 달란트와 두 달란트를 받은 종은 즉시 나아가 그것을 사용했다. 그들의 공통점은 '바로 갔다'는 것이다. 그러나 한 달란트를 받은 종은 달랐다. 그는 달란트를 땅에 묻어두었다. 게으름과 두려움이 그를 지배했다. 주인은 그를 향해 이렇게 말했다. "악하고 게으른 종아."

하나님께서 우리에게 맡기신 달란트는 단지 보관하라고 주신 것이 아니다. 그분의 나라를 위해 사용하라고 주신 것이다. 신앙생활은 곧 '부르심과 맡기심'에 충성하는 삶이다. 하나님은 각자에게 다섯, 둘, 혹은 한 달란트를 주셨지만 그분이 기뻐하시는 것은 결과의 크기가 아니라 충성의 태도이다. 하나님께서 내게 맡기신 달란트로 그분의 뜻을 이루는 일에 쓰임받는 것, 그것이 바로 하나님의 은혜이다.

### 3) 하나님이 주신 물질(Treasure)을 잘 사용하는 것

"… 정함이 없는 재물에 소망을 두지 말고 오직 우리에게 모든 것을 후히 주사 누리게 하시는 하나님께 두며 선을 행하고 선한 사업을 많이 하고 나누어 주기를 좋아하며 너그러운 자가 되게 하라"(딤전 6:17-18).

하나님께서 물질을 주신다. 그리고 때로는 그 물질을 거두어 가신다. 좀 더 정확히 말하면, 물질은 우리 것이 아니라 하나님의 것이다. 하나님은 그것을 우리 손에 잠시 맡기셨다. 그분의 나라를 위해 사용하라고, 선한 청지기로 살라고 맡기신 것이다. 이것이 곧 은혜의 신탁(信託)이다.

여러분은 물질이 하나님의 것임을 인정하는가? 물질은 단순한 생계 수단이 아니라 하나님께서 사명을 감당하라고 우리에게 맡기신 은혜의 자원이다. 그렇기에 돈을 쌓아두기만 하는 사람, 낭비하는 사람 혹은 숭배하는 사람이 되어서는 안 된다. 내게 맡겨진 물질을 하나님 나라에 투자하는 사람, 그분의 뜻을 이루는 통로로 살아야 한다. 물질을 주의 나라를 위해 사용할 때 하나님은 더 큰 일을 맡기시며 그 일을 감당할 새로운 공급을 허락하신다. 이것이 하나님 경제이며, 은혜의 순환이다.

## 은혜는 나를 넘어 세상으로 흐른다

진심으로 "내가 나 된 것은 하나님의 은혜입니다"라고 고백할 수 있는가? 불교에는 고행이 있고, 힌두교에는 업보가 있고, 이슬람에는 율법이 있고, 유대교에는 언약이 있다. 그러나 오직 기독교에만 은혜가 있다. 은혜는 인간의 공로나 조건이 아니라 값없이 주시는 하나님의 선물이다. 기독교 신앙의 본질이자, 인간 구원에 관한 유일한 선언이다.

고(故) 옥한흠 목사는 하나님의 은혜가 사회에 미치는 영향력을 이렇게 설명한다. "은혜가 임하면 고대 사회에서는 그 은혜가 여자에게까지 미치고, 성인 사회에서는 어린아이에게까지 미치며, 풍요로운 사회에서는 가난한 자에게까지 미치고, 건강한 사회에서는 병든 자에게까지 미친다. 유대에서는 이방인에게까지, 그리고 기독교 사회에서는 죄인에게까지 미친다. 은혜는 사람을 가리지 않고 골고루 미치는 특징이 있다."

이처럼 은혜는 개인의 마음에서 시작되어 가정으로, 사회로 그리고 나라로 퍼져 간다. 은혜가 임하면 인간의 사회구조가 변하고, 억눌린 자들이 자유를 얻는다. 샤리아법 아래 갇혀 있던 여성들이 자유를 누리고, 가문의 명예를 훼손했다는 이유로 여성을 죽이는 인도나 파키스탄의 '명예살인'이 멈추며, 사랑과 생명을 존중하는 사회로 변화되는 것이 바로 하나님의 은혜가 미친 세상의 표정이다.

디즈니 애니메이션 『라이언 킹』을 기억하는가? 어린 사자 심바는 동물 왕국의 후계자였다. 그러나 그는 아버지 무파사의 죽음을 자신의 탓이라 여겨 죄책감과 두려움 속에 왕국을 떠나 도망쳤다. 그는 오래도록 자신의 이름도, 존재 이유도 잊은 채 숨어 지냈다. 그러던 어느 날, 심바의 환상 속에 아버지 무파사가 나타나 말한다.

"심바, 넌 날 잊었구나. 네가 누군지 잊었구나. 기억해라. 넌

내 아들이고 하나뿐인 진정한 왕이다." 혹시 우리도 심바처럼 죄책감과 두려움 속에서 자신을 잃어버리고 살고 있는 것은 아닌가? 누구의 자녀인지, 누구의 손길로 여기까지 왔는지 잊은 채 하루하루를 그저 버티며 살아가고 있지는 않는가?

우리는 하나님의 은혜로 예수 안에서 하나님의 자녀가 되었다. 그분은 우리를 왕 같은 제사장으로 부르셨고, 그분의 나라를 함께 세워갈 동역자로 세우셨다. 우리는 하나님의 은혜로 숨 쉬고 하나님의 은혜로 쓰임받는다. 그리고 결국 하나님의 은혜로 저 영원한 아버지의 집으로 돌아갈 것이다.

"내가 나 된 것은 오직 하나님의 은혜입니다." 이 고백을 잊지 말자. 은혜를 기억하는 사람은 다시 일어서는 법을 안다.

심바는 아버지를 잊었어도, 아버지는 단 한 번도 아들을 잊지 않았다. 그처럼 하나님도 우리를 잊지 않으신다. 그분은 우리의 이름을 손바닥에 새기셨고 생명책에 기록하셨다. 우리가 하나님을 잊을 수는 있어도 하나님은 우리를 잊지 않으신다. 그래서 오늘도 나는 믿는다. 나의 실패와 상처와 고백을 모두 지나 내가 여전히 '나'로 살아 있는 이유, 그것은 포기하지 않는 사랑, 곧 은혜 덕분이다.

# PART. 2
# 뜻밖의 은혜

**뜻밖의 은혜 1**

# 고통이 은혜

고후 12:7-10

김난도 서울대 교수가 쓴 젊은이를 위한 자기계발서 《아프니까 청춘이다》는 20대들의 상처와 고통을 공감하며 위로했던 베스트셀러였다. 그러나 농구선수 출신 방송인 서장훈 씨는 "아프니까 청춘이다? 그건 개소리다"라고 직설적으로 말했고, "언제까지 아프라는 거냐?", "그럼, 너도 아파봐라" 같은 냉소적인 반응도 이어졌다. 이후 사람들은 이 책의 제목을 패러디하기 시작했다. "아프면 환자지, 뭐가 청춘이야." "아프리카 청춘이다." "아프니까 노년이다." "에프(F)니까 청춘이다." 이 유행어들은 고통을 숨기고 싶어 하는 시대의 마음을 적나라하게 드러낸다.

## 세상은 고통을 숨기지만,
## 하나님은 고통에 말을 거신다

하지만 생각해보자. 이 세상에 단 한 번도 아픔을 겪지 않은 사람이 있을까? 가슴속에 고통 하나쯤 묻어두지 않은 인생은 없다. 그리스도인도 예외가 아니다. 평생 하나님께 헌신한 사역자도, 착하고 진실한 평신도도 모두 각자의 아픔을 안고 산다. 아픔은 분명 고통이다.

그러나 세상 사람들에게 아픔이 단지 상처로 끝난다면 그리스도인에게 아픔은 은혜로 이어진다. 하나님은 고통 속에서 우리를 다듬으시고 그 안에 뜻밖의 은혜를 숨겨두신다. 그렇다면 하나님을 사랑하며 교회를 섬기며 살아가는 사람들에게 왜 이런 고통이 찾아오는가?

**첫째, 내가 자초한 고통**

가장 먼저, 나 자신의 잘못 때문에 겪는 고통이 있다. 성경은 아픔과 고통의 근본적인 원인을 인간의 타락과 죄에서 찾는다. 하나님의 명령에 불순종한 인간은 하나님과의 관계가 깨어졌고, 그 결과 고통이 세상에 들어왔다.

야곱의 생애는 '자초한 고통'의 전형이다. 그의 삶은 세 시기로 나눌 수 있다. 처음 77년은 가족과의 분쟁의 시기였다. 그는 아버지 이삭과 형 에서와의 갈등으로 깊은 상처를 입었다. 하지만 그 고통은 사실상 그가 자초한 결과였다. 그는 욕심 때문에 형의 장자권과 아버지의 축복을 속여 빼앗았다. 그 결과 형과 아버지와의 관계가 무너졌다. 생명의 위협을 느낀 그는 결국 사랑하는 어머니 리브가를 떠나 외삼촌 라반의 집으로 도망쳐야 했다. 야곱에게 그 길은 고통의 시작이었다.

그 후 20년은 라반과의 갈등이었다. 야곱은 라반에게 속고, 또 라반을 속이며 살았다. 거짓과 계산으로 얼룩진 20년이었다.

마지막 50년은 주변과의 분쟁의 시기였다. 하나님의 도우심으로 형 에서와 화해했지만, 하나님이 명하신 벧엘로 가지 않고 세겜에 머물렀다. 그 불순종의 결과로 딸 디나가 성폭행을 당했고 분노한 아들들이 세겜의 남자들을 모두 죽이는 대학살을 저질렀다. 야곱은 말할 수 없는 아픔과 수치를 겪었다. 말년의 그는 바로왕 앞에서 이렇게 고백했다. "제가 누린 햇수는 얼마 되지 않지만 험악한 세월을 보냈습니다"(창 47:9, 새번역). '험악하다'는 말은 '무겁고, 상처투성이다'라는 뜻이다. 야곱의 인생은 욕심과 불순종이 빚어낸, 상처로 얼룩진 인생이었다. 그의 고통은 하나님이 주신 징벌이 아니라 스스로 만들어낸 결과였다.

삶에 아픔과 고통이 있는가? 그 고통의 원인은 무엇인가? 혹시 자초한 고통은 아닌가? 야곱처럼 내 뜻을 이루기 위해 수

단과 방법을 가리지 않고 살지는 않았는가? 때로는 남에게 상처를 주지 않았는가? 그 결과, 쓰나미 같은 고통이 덮친 적은 없는가? 우리는 완벽을 요구받고 비교 속에서 살아가는 시대에 있다. 야곱의 시대보다 훨씬 더 치열한 경쟁과 성취의 압박 속에서 우리 또한 스스로 고통을 만들어내며 살아간다. 결국 그 고통은 외부에서 온 것이 아니라 내 안의 욕망과 조급함이 낳은 결과일 때가 많다.

## 환경은 고통의 이유일 뿐, 인생의 결론은 아니다

**둘째, 내가 처한 어려운 환경**

세상은 죄와 악이 존재하는 곳이다. 그 때문에 인간은 죄와 악으로 인해 파괴된 척박한 환경, 불공평한 상황 속에서 다양한 어려움에 직면하게 된다.

구약의 룻기서는 시작부터 어둡다. "그 땅에 흉년이 드니라"(1). 장례 소식이 이어진다. "나오미의 남편 엘리멜렉이 죽고"(3). "말론과 기룐 두 사람이 다 죽고"(5). 나오미의 고향인 '그 땅'은 유다 베들레헴이다. 유다의 뜻은 '찬송'이고, 베들레헴의 뜻은 '빵집'이다. 그런데 흉년으로 빵집에 빵이 떨어졌다.

찬송이 넘쳤던 곳에 곡하는 소리만 가득했다.

고향에서 나오미는 기근과 가난에 시달렸다. 배를 채우기 위해 하나님의 약속의 땅, 축복의 땅을 떠나 하나님께 저주받은 땅 모압으로 갔다. 그러나 그곳에서 그녀는 남편과 두 아들의 죽음이라는 더 큰 고통을 겪어야 했다. 나오미의 아픔과 고통의 내적 원인은 불순종이었지만, 외적 원인은 어려운 환경이었다. 하나의 고통(흉년)을 피하려고 환경을 바꾸었지만(이주), 오히려 더 큰 고통(가족의 죽음)을 자초한 것이다. 졸지에 과부가 된 유대인 시어머니 나오미와 이방 며느리 룻은 함께 베들레헴으로 돌아왔다. 그러나 살길이 막막했던 나오미는 하나님을 원망하며 말했다. "여호와의 손이 나를 치셨으므로"[13]. "나를 나오미(기쁨)라 부르지 말고 나를 마라(쓴 물)라 부르라"[20]. "나는 쓴물 인생이다. 나는 저주받은 인생이다." 이것이 나오미의 고백이었다.

사도 바울도 몸의 가시로 큰 고통을 겪었다. 그 가시가 무엇인지 성경은 구체적으로 밝히지 않는다. 칼뱅은 "바울이 받은 영적 유혹, 즉 의심과 가책, 갈등 같은 내적 고통"이라고 했고, 루터는 "그가 받은 외적 핍박"이라 했다. 또 어떤 학자들은 '만성적인 눈병이나 간질'로 해석한다. 그 가시는 바울의 평생을 따라다닌 지울 수 없는 고통이었다. 그는 하나님께 가시를 제거해달라고 세 번이나 간절히 기도했지만 하나님은 이렇게 응답하셨다. "내 은혜가 네게 족하도다 이는 내 능력이 약한 데서 온전하여짐이라"(고후 12:9).

당신도 나오미나 바울처럼 육체적 질병, 경제적 어려움, 불경기, 가난의 대물림, 힘겨운 결혼생활, 자녀와의 갈등, 불안한 신분 문제 등으로 고통을 겪고 있지는 않은가? 겉으로 보기엔 대수롭지 않아 보여도 당사자는 너무나 아프고 힘든 법이다.

하지만 환경이 고통의 이유가 될 수는 있어도 인생의 결론은 될 수 없다. 그 고통 속에서도 하나님은 여전히 일하시기 때문이다.

### 셋째, 악한 사람으로 인해

죄성을 지닌 인간은 자기 욕망을 위해 타인을 해하고, 악한 말과 행동으로 다른 사람에게 깊은 상처를 남긴다. 요셉의 인생이 그 대표적인 예다. 그는 어머니 라헬이 동생 베냐민을 낳다가 세상을 떠난 후, 계모들과 이복형제들 사이에서 자랐다. 그러나 형들은 아버지의 사랑을 독차지한 요셉을 시기하고 미워했다. 마침내 그들은 요셉을 죽이려는 음모를 꾸몄다. "자, 그를 죽여 한 구덩이에 던지고 우리가 말하기를 악한 짐승이 그를 잡아먹었다 하자 그의 꿈이 어떻게 되는지를 우리가 볼 것이니라"(창 37:20). 이는 충동적인 범죄가 아니라 마음속에서 여러 번 동생을 죽이기로 계획한 악이었다. 더욱 소름끼치는 것은 그들이 요셉을 구덩이에 던진 후에도 아무렇지 않게 자리에 앉아 음식을 먹었다는 사실이다. 사람의 양심이 완전히 마비되지 않고서야 어떻게 그런 행동이 가능하겠는가.

하나님의 보호하심으로 죽음을 면한 요셉은 애굽으로 팔려가 13년 동안 노예로 살며 죽을 고생을 한다. 그는 고된 노동과 매질, 인권유린 속에서 하루하루를 버텼다. 억울하게 성폭행범으로 몰려 감옥에 갇히기도 했다. 젊은 요셉의 그 깊은 고통을 누가 온전히 이해할 수 있겠는가? 그는 스스로 불러온 고통이 아니라 질투와 미움에 사로잡힌 형제들의 악으로 인해 고통당한 것이다.

누군가의 악한 의도나 시기, 미움 때문에 고통받아 본 경험이 있는가? 그들은 당신의 실패를 바라며 몰래 혹은 드러내어 비난하고, 마음속으로 불행을 기대할지도 모른다. 그런 악의로 인한 고통은 참으로 깊고 오래도록 쓰리다. 밤마다 잠이 오지 않고, 억울함에 눈물이 나고, 마음의 상처가 몸의 병이 되어 불면증과 소화불량, 불안과 우울로 이어지기도 한다.

그러나 기억하라. 사람이 주는 고통에도 하나님의 섭리는 있다. 그리스도인이 받는 고통은 결코 우연이 아니다. 요셉의 고통이 결국 하나님의 구원 계획 속에 사용되었듯 당신의 눈물에도 반드시 하나님의 은혜가 따른다. 그렇다면 이러한 고통에 어떤 은혜가 따라오는가?

## 고통은 저주가 아니라 초대

### 첫째, 나를 하나님께로 돌아오게 하신다

"여호와여 내가 주께 피하오니 나를 영원히 부끄럽게 하지 마시고 주의 공의로 나를 건지소서"(시 31:1).

시편 31편은 다윗이 깊은 고통 가운데 부르짖으며 쓴 시다. 그는 고통 속에서 피할 '곳'이 아니라 피할 '분'을 찾았다. 다윗은 오직 하나님만이 자신의 피난처이심을 깨달았다. 그는 상황이 아니라 하나님께로 피했다. "주는 나의 반석과 산성이시니 그러므로 주의 이름을 생각하셔서 나를 인도하시고 지도하소서"(시 31:3). 히브리어 원문에서 이 구절은 접속사 '키 $ki$', 즉 '왜냐하면'으로 시작한다. 하나님이 다윗의 반석이시며, 산성이시며, 유일한 피난처이시기 때문이다.

탕자는 자신의 탐욕과 방탕한 선택으로 고통을 자초했다. 가진 돈이 바닥나고, 흉년이 들어 양식조차 구할 수 없는 상황에서 그는 돼지 먹이인 쥐엄 열매로 허기를 달래야 했다. 그러나 그가 겪은 고통은 단순한 불행이 아니었다. 그 고통은 그로 하여금 아버지를 기억하게 하고, 마침내 아버지의 집으로 돌아오게 하신 하나님의 은혜였다. 그가 그런 극심한 고통을 겪지 않았더라면 아버지를 떠올릴 수 있었을까? 돌아갈 용기를 냈을까? 그의 절망은 회복의 문이었다. 고통이 없었다면 그는 여전히 세상 속에서 방황하며 아버지의 품으로 돌아오지 못했을 것이다.

그가 아버지 집으로 돌아왔을 때 아버지는 그를 꾸짖지 않았다. 변명도 요구하지 않았다. 오히려 달려가 끌어안고 잃었던 아들의 신분을 회복시켜주셨다. 그것은 아들이 자격이 있어서도, 잘못을 빌었기 때문도 아니었다. 아버지에게 그는 단 한 번도 '아들이 아니었던 적'이 없었다. 아들은 떠났지만 아버지는 한 번도 떠나지 않으셨다. 그의 고통은 끝이 아니라 아버지의 품으로 돌아가는 시작이었다. 이것이 바로 하나님의 은혜다.

독자들 중에도 고통을 통해 하나님께 돌아온 분들이 있을 것이다. 사업이 흔들리고, 자녀가 방황하며, 건강에 이상이 생기고, 누군가의 중상모략으로 마음이 무너졌을 때 우리는 비로소 하나님을 찾는다. 기독교 변증가 C. S. 루이스는 "고통은 잠든 인간을 깨우는 하나님의 메가폰이다."이라고 했다. 그렇다. 고통은 우리를 깨운다. 고통 속에서 하나님께로 달려가고, 다시 돌아오고, 가까이 선다는 사실 자체가 은혜다.

혹시 지금 고통 가운데 있는가? 기억하라. 당신은 여전히 하나님의 자녀다. 탕자처럼 한때 하나님을 떠나 내 뜻대로 살았더라도 하나님 아버지는 단 한순간도 당신을 떠난 적이 없다. 그분은 지금도 두 팔을 벌리고 당신이 돌아오기를 기다리신다. 그러므로 고통은 저주가 아니라 초대다. 그것은 우리를 하나님께로 돌아오게 만드는, 가장 따뜻하고도 단호한 하나님의 은혜다. 이것이 고통 속에 숨은 은혜이다.

**둘째, 하나님의 능력을 덧입게 된다**

사도 바울은 셋째 하늘, 곧 하나님이 계신 천국을 보았다. 그러나 하나님은 그가 그 놀라운 체험으로 교만에 빠지지 않도록 그의 육체에 '가시'를 허락하셨다. 바울이 그 가시를 제거해 달라고 세 번이나 간절히 구했지만 하나님은 이렇게 응답하셨다. "내 은혜가 네게 족하도다 이는 내 능력이 약한 데서 온전하여짐이라"(고후 12:9). 즉 하나님은 그에게 "가시를 가진 채로 살라"고 말씀하신 것이다.

바울은 그 말씀의 의미를 깨달았다. 그리하여 이렇게 고백한다. "그러므로 내가 그리스도를 위하여 약한 것들과 능욕과 궁핍과 박해와 곤고를 기뻐하노니 이는 내가 약한 그때에 강함이라"(12:10).

예수를 만나기 전 바울은 누구보다 강했고, 흔들림 없는 사람처럼 보였다. 학문, 신분, 권력 어느 것 하나 부족함이 없었다. 그러나 예수를 만난 후 그는 오히려 약해졌다. 예수님의 이름 때문에 핍박과 고난을 받았다. 하지만 바울은 그 약함 속에서 역설적인 진리를 깨달았다. 그의 약함은 결코 수치가 아니라, 하나님의 강함이 드러나는 통로였다. 그는 자신의 힘으로 강해진 것이 아니라 하나님이 그의 강함이 되셨다고 고백한다. 기도했더니 하나님이 힘을 주셔서 능력받아 강해졌다고 주장하지 않는다. 약할 때 비로소 하나님의 능력이 그를 덮은 것이다. 이것이 고통 중에 주어지는 은혜다.

우리는 흔히 강해지려 애쓴다. 약하면 손해 본다고, 약하면 무시당한다고, 약하면 쓰임받지 못한다고 생각한다. 그러나 하나님은 말씀하신다. "네 길을 여호와께 맡기라 그를 의지하면 그가 이루시고"(시 37:5). 바울은 자신의 약함을 하나님께 맡겼다. 그 결과 놀라운 일이 일어났다. "… 나의 여러 약한 것들에 대하여 자랑하리니 이는 그리스도의 능력이 내게 머물게 하려 함이라"(고후 12:9).

여기서 '머물다'라는 말은 '장막을 치다'라는 뜻이다. 즉, 성막에 하나님의 임재와 영광이 머무르듯 바울은 자신의 약함 속에 하나님의 능력과 임재를 체험했다. 약함은 능력의 통로이고, 고통은 은혜의 장막이 세워지는 자리다.

약해도 괜찮다. 약해도 쓰임받는다. 그런데 악하면 안 된다. 악하면 쓰임받을 수 없다. 고통으로 약해질 때 주님만을 붙들라. 주님만을 의지할 때 하나님의 임재를 체험한다. 우리의 약함 속에서 주님의 능력이 드러난다. 주님이 고통을 이길 힘을 주신다. 이것이 주님이 주시는 은혜다.

## 기적이 없더라도 하나님은 선하시다

유학생 수련회(코스타) 강사로 잘 알려진 김병년 목사가 있다. 2005년, 그는 아내와 함께 교회를 개척했다. 개척한 지 불과 네 달 만에 막내딸 윤지가 태어났다. 그러나 출산 3일 만에, 아내가 뇌경색으로 쓰러졌다. 그날 이후, 아내는 눈을 뜨지도, 말을 하지도 못했다. 사지가 굳어 전신마비가 되었고, 사고로 다리까지 잃었다. 그녀가 할 수 있는 유일한 소통은 오직 눈꺼풀을 움직이는 것뿐이었다.

김 목사는 완전히 무너졌다. 가정도 목회도 도무지 감당할 힘이 없었다. 그는 하나님께 수없이 울부짖었다. "주님, 제발 아내를 일으켜주세요. 저에게는 아내고, 세 아이에게는 엄마고, 교회에서는 사모입니다. 하나라도 중요하지 않은 역할이 없어요."

그는 금식하며 간절히 기도했다. 그러나 기적은 일어나지 않았다. 한번은 그의 아내를 위해 기도해주는 '영빨'이 센 분들이 목사님에게 말했다. "사모님이 일어나시면 하나님은 전능하시다는 증거입니다." 그 말을 들은 김 목사는 참을 수 없어 이렇게 외쳤다. "웃기지 마세요. 내 아내가 일어나지 않아도 내 하나님은 전능하신 분입니다."

그의 아픔과 고통은 여전히 현재진행형이다. 지금도 하루에

4~5시간밖에 자지 못하면서 아내 곁을 지킨다. 석션기로 가래를 빼주고, 생리 주기를 챙기며, 대소변이 있을 때마다 기저귀를 갈아준다.

어느 날은 너무 지치고 분노가 북받쳐 올라왔다. 그는 참다못해 기저귀를 둘둘 말아 바닥에 던지며 외쳤다. "당신 너무하는 거 아니야? 좀 참아. 나도 제발 좀 자자, 좀…." 그러고는 그 자리에 주저앉아 엉엉 울며 하나님께 소리쳤다. "하나님, 제발 이제 그만 때리세요. 제가 도대체 뭘 그렇게 잘못했습니까? 왜 저만 이렇게 때리세요?"

그때 하나님께서 그에게 말씀하셨다.

"나는 지금 너희 집에 와 있단다. 너는 내 형상인 네 아내를 돌봐주면 안 되겠니?"

그 말씀은 그의 마음을 깊이 찔렀다. 그는 다시 눈물을 흘리며 기도했다. "주님, 아내가 일어나지 않아도 괜찮아요. 다만 제가 아내를 끝까지 사랑할 수 있는 하나님의 사랑을 주세요."

주변 사람 중에는 이런 말을 하는 이도 있었다. "김 목사, 목사증 반납하고 이혼해. 이제 그만 자유로워져. 젊은 여자 만나 다시 살아." 하지만 그는 고개를 저었다. 그에게는 도망이 아니라 은혜의 길이 남아 있었다.

그는 오늘도 하나님의 사랑으로 산다. 오늘도 하나님의 은혜로 숨 쉬며 산다. 그 사랑과 은혜로 아내를 돌보고, 세 자녀를 키우며, 여전히 목회한다. 그의 인생은 말한다.

"기적이 일어나지 않아도, 하나님은 여전히 선하시다."

우리도 김병년 목사처럼 고통 속에서 매일 새롭게 하나님께로 나아가자. 그때 우리는 고통이 끝이 아니라 하나님의 능력이 새로 시작되는 자리임을 알게 될 것이다.

**뜻밖의 은혜 2**

# 깨어짐이 은혜

행 10:1-8

깨진 그릇, 금이 간 잔, 부서진 가구는 더 이상 제 기능을 하지 못한다. 깨어짐은 흠이고, 상처이며, 실패의 흔적이다. 사람도 마찬가지다. 깨어짐은 아픔이고, 마음의 상처이며, 무너짐이다. 세상은 깨어짐을 부끄럽게 여긴다. 그러나 신앙 안에서의 깨어짐은 회복의 시작이자 성장의 과정이다.

단단한 땅이 부서지고 갈아엎어질 때 옥토가 된다. 한 알의 씨앗이 땅속에 들어가 껍질이 벗겨지고 깨어질 때 열매가 맺힌다. 병아리는 단단한 껍질이 깨어져야 태어나고, 아기는 어머니의 양수가 터질 때 세상에 나온다. 이처럼 깨어짐은 생명의 통로다.

## 금이 간 그릇으로 빛을 비추시는 하나님

신앙생활에서도 깨어짐은 필수다. 자아의 껍질, 자기 의존의 껍질이 벗겨지고 깨어져야 성숙한 신앙인이 된다. 깨어짐은 하나님의 손길이 역사하는 순간이다. "진흙으로 만든 그릇이 토기장이의 손에서 터지매 그가 그것으로 자기 의견에 좋은 대로 다른 그릇을 만들더라"(렘 18:4). 도공은 흠이 있다고 진흙을 버리지 않는다. 그릇을 다시 부수고 새롭게 빚어낸다.

하나님께서도 마찬가지다. 우리 인생이 죄로 인해 금이 가고 부서졌을지라도 결코 버리지 않으신다. 다시 다듬고 빚으시며 회복시키시고 하나님의 걸작으로 새롭게 만들어가신다. 그렇기에 하나님이 창조하신 걸작 인생으로 살아가려면 반드시 깨어짐의 과정을 통과해야 한다. 깨어짐은 끝이 아니라 시작이며, 하나님이 우리를 가장 깊이 만지시는 시간이다.

하나님이 허락하시는 깨어짐은 주로 네 가지 과정을 통해 일어난다.

**첫째, 하나님은 환경을 통해 우리를 깨뜨리신다**

구약의 선지자 요나는 니느웨로 가서 회개의 말씀을 전하라는 하나님의 명령을 거부하고 다시스로 도망쳤다. 니느웨는 오랫동안 이스라엘을 괴롭혀온 앗수르 제국의 수도였기 때문이다. 그러나 하나님은 요나를 포기하지 않으셨다.

태풍, 제비뽑기, 큰 물고기, 박넝쿨, 벌레, 뜨거운 동풍 등 여러 환경을 통해 하나님은 요나의 자아를 깨뜨리셨다. 풍랑 가운데 제비가 요나에게 뽑히고, 바다에 던져져 큰 물고기 배 속에서 사흘 밤낮을 보낸 사건은 모두 하나님께서 환경을 통해 불순종한 요나를 다루시는 손길이었다.

우리 삶도 그렇다. 직장, 가정, 교회, 공동체 속에서 우리는 때로 버거운 환경과 마주한다. 그러나 환경이 어렵다고 피하지 말라. 어려운 환경은 나의 자아를 깨뜨리기 위한 주님의 도구다. 환경을 바꾸기 전에 내가 바뀌어야 하고, 내가 바뀌려면 먼저 내가 깨어져야 한다. 나의 자아가 깨질 때 비로소 가정이, 공동체가, 환경이 변하기 시작한다.

하나님은 때때로 어려운 환경을 통해 우리를 깨어지게 하시고, 그 깨어짐 속에서 하나님의 걸작으로 빚어가신다. 이것이 바로 깨어짐에 담긴 은혜다.

### 둘째, 하나님은 사람을 통해 우리를 깨뜨리신다

사도 베드로는 기도하던 중, 하늘에서 부정한 짐승과 새들로 가득한 보자기 같은 그릇이 내려오는 환상을 보았다(행 10장). 그리고 "베드로야 일어나 잡아 먹어라"(13) 하는 음성을 들었다. 베드로가 "주여 그럴 수 없나이다 속되고 깨끗하지 아니한 것을 내가 결코 먹지 아니하였나이다"(14)라고 거절하자 "하나님께서 깨끗하게 하신 것을 네가 속되다 하지 말라"(15) 하셨다. 이 환상은 이방인을 부정하게 여기던 베드로의 편견을 깨뜨리시기 위한 하나님의 역사였다.

사실 그 이전에도 하나님은 베드로의 마음을 다듬고 계셨다. "베드로가 욥바에 여러 날 있어 시몬이라 하는 무두장이의 집에서 머무니라"(행 9:43). 무두장이 시몬 역시 베드로의 우월의식과 종교적 고정관념을 깨뜨리기 위해 하나님이 사용하신 사람이었다. 무두장이는 죽은 짐승의 가죽을 다루는 일을 했기에, 피를 만지는 부정한 자로 여겨졌다. 유대 사회에서는 마을에서 50규빗(약 23미터) 이상 떨어져 살아야 했고, 남편이 무두장이임을 속이고 결혼했다면 여자가 이혼을 요구할 수 있을 정도였다. 그런데 하나님은 그 시몬의 집에 베드로를 머물게 하셨다. 베드로가 품고 있던 선민의식, 우월의식, 편견을 깨뜨리시기 위함이었다.

우리의 삶에도 '무두장이 시몬'이 있다. 내가 피하고 싶은 사람, 만나기만 해도 불편한 사람, 내 자존심을 건드리는 사람이 그들이다. 그러나 하나님은 바로 그 사람을 통해 나의 자아를 깨뜨리신다. 피한다고 끝나지 않는다. 피하면 또 다른 '시몬'을 만나게 된다. 그러므로 나와 코드가 맞지 않는 사람, 내 자아를 자극하는 사람을 만날 때 그것이 하나님이 준비하신 깨어짐의 도구임을 기억해야 한다.

부부가 서로를 통해 자아가 깨어지고, 부모는 자녀를 통해 깨어지고, 목사는 성도를 통해, 성도는 목사를 통해 깨어진다. (혹시 아내에게 이기는 남편이 있다면, 그 남편은 아직 자아가 깨어지지 않은 것이다.) 하나님은 사람과의 관계 속에서 우리를 다듬으신다. 우리의 교만과 자아를 부수시고, 마침내 하나님의 걸작으로 빚어 가신다. 이것이 사람을 통한 깨어짐의 은혜이다.

## 죄는 나를 부수지만, 은혜는 나를 빚는다

**셋째, 하나님은 죄를 통해 우리를 깨뜨리신다**

야곱은 가족과 종들을 먼저 강 건너편으로 보내고 홀로 얍복강가에 남았다. 그가 강을 건너지 못한 이유는 물이 두려워서가 아니었다. 형 에서가 두려웠기 때문이다. 스무 해 전, 야곱은 형의 장자권과 축복권을 속임수로 빼앗았다. 이제 그 형이 400명의 군사를 이끌고 자신에게 온다는 소식을 듣고, 야곱은 자신의 죄가 불러온 두려움 앞에 서 있었다.

그날 밤, 야곱은 얍복강가에서 하나님을 만났다. 하나님은 야곱의 가장 강한 부분, 환도뼈를 치셨다. 그의 몸이 꺾인 그 순간, 자아도 함께 꺾였다. 하나님이 "네 이름이 무엇이냐?" 물으셨을 때 그는 비로소 고백했다. "야곱입니다." 즉 자신은 속이는 자, 사기꾼이라는 의미였다. 그 고백을 들으신 하나님은 그에게 새 이름을 주셨다. "네 이름을 다시는 야곱이라 부를 것이 아니요 이스라엘이라 부를 것이니"(창 32:28). 그가 새 사람이 된 것이다.

하나님은 우리에게도 얍복강을 허락하신다. 우리에게 환도뼈처럼 강한 부분은 무엇인가? 사업일 수도, 자식일 수도, 건강이나 명예일 수도 있다. 하나님은 우리가 가장 강하다고 믿는 부분, 하나님보다 의지하는 부분을 치신다. 그 이유는 우리가 '강하다고 믿는 것'이 바로 죄의 뿌리이기 때문이다. 하나님은 우리 죄를 통해 자아를 깨뜨리고 교만을 꺾으신다. 그 깨어짐 속에서 우리를 새 사람으로 빚으신다. 이것이 죄를 통한 깨어짐의 은혜이다.

**넷째, 하나님은 사단을 통해 우리를 깨뜨리신다**

욥은 혹독한 고난을 겪었지만 성경은 그가 죄로 인해 징계받았다고 하지 않는다. 욥은 하나님을 경외하며 흠이 없는 의인이었다. 그러나 하나님은 사탄이 그를 시험하도록 허락하셨다. 그렇다면 왜 하나님은 의로운 욥에게 고난을 허락하셨을까? 그가 하나님의 선하심과 돌보심을 더 깊이 경험하게 하시기 위함이었다.

"내가 주께 대하여 귀로 듣기만 하였사오나 이제는 눈으로 주를 뵈옵나이다 그러므로 내가 스스로 거두어들이고 티끌과 재 가운데에서 회개하나이다"(욥 42:5-6). 욥은 고난을 통해 자신의 마음속 깊은 곳에서 하나님을 의심했던 죄를 깨닫고 회개했다. 그는 고난 중에 합력하여 선을 이루시는 하나님을 새롭게 경험했다.

하나님은 오늘도 때로는 사단을 통해 우리에게 고난을 허락하신다. 그것은 우리를 징계하기 위함이 아니라 믿음을 한 단계 더 높이시기 위함이다. 이전에는 알지 못했던 하나님의 선하심과 돌보심을 새롭게 경험하게 하시기 위함이다. 그러므로 이유를 알 수 없는 고난이 닥칠 때 불평하거나 낙심하지 말라. 욥처럼 인내하라. 그 인내의 끝에서 당신도 더 깊은 차원에서 하나님의 선하심과 돌보심을 보게 될 것이다.

## 하나님은 우리를 원석으로 두지 않으신다

그렇다면 깨어짐의 목적은 무엇인가?

**첫째, 깨어짐은 원석인 우리를 보석으로 빚기 위함이다**
우리는 세공이 끝난 완성품이 아니라 아직 다듬어지지 않은 원석에 가깝다. 그러나 하나님은 우리를 그 상태로 내버려 두지 않으신다. 원석과 보석의 차이는 '깨어짐'에 있다. 다듬어지지 않은 원석은 단지 돌일 뿐이다. 그러나 여러 번 깎이고, 깨지고, 연마될 때 비로소 빛나는 보석이 된다.

'깨진 유리창 이론'이라는 것이 있다. 깨진 유리창을 방치하면 다른 창문도 차례로 깨지고, 낙서나 쓰레기 투기 같은 무질서가 이어지며, 결국 범죄가 확산된다는 내용이다. 사소한 균열을 그대로 두면 큰 붕괴로 이어진다는 뜻이다.

이처럼 하나님은 우리의 작은 균열과 흠도 그냥 두지 않으신다. 우리의 교만, 허물, 미성숙함을 방치하지 않으신다. 그래서 하나님은 환경을 통해, 사람을 통해, 죄와 사단을 통해 우리를 깎고 다듬으신다. 그 과정을 통해 원석 같은 우리가 하나님의 손에서 빛나는 보석으로 변화되는 것이 깨어짐의 목적이며 은혜이다.

**둘째, 깨어짐은 우리를 주의 일꾼으로 사용하시기 위함이다**

세상은 깨어지지 않은 사람을 선호한다. 완벽하고, 흠 없고, 자신감이 넘치는 사람을 뽑는다. 그러나 하나님은 정반대 방식을 택하신다. 주님은 깨어진 사람, 부서지고 낮아진 사람을 들어 쓰신다. 깨어진 사람은 이미 자기 의를 내려놓은 사람이며 주님의 손에 빚어진 사람이다. 주님은 그런 사람을 통해 자신의 능력과 영광을 드러내신다.

한 부부의 이야기가 있다. 남편은 평양 출신의 중국인으로, 그의 부친은 중국 공산당의 고위 간부였다. 그는 결혼 전, 평양을 방문한 미주 동포 어르신을 정성껏 섬겼고, 그 인연으로 미국에 사는 딸을 소개받았다. 두 사람은 만난 지 일주일 만에 결혼했다. 그러나 무신론자였던 남편은 결혼 후에도 교회에 나가면서도 예수를 믿지 않았다. 예수께서 죄인들을 위해 십자가에 죽으신 것은 이해했지만 '그 예수가 자신을 위해 죽으셨다'는 사실은 믿을 수 없었다. 그는 아내의 신앙을 인정하면서도 자신은 여전히 믿음의 문턱 밖에 있었다.

결혼 10년째, 그는 삶의 큰 사건을 겪으며 비로소 무너졌다. 그는 처음으로 자신이 죄인임을 인정하고, 예수님이 '나를 위해' 죽으셨음을 깨달았다. 그날 이후 그는 완전히 다른 사람이 되었다. 현재 이 부부는 웨딩드레스 회사를 운영한다. 하지만 그들의 진짜 사역은 드레스를 파는 일이 아니다. 결혼 세미나를 열고 자신들의 결혼 생활 속에서 겪은 갈등과 회복의 이야기를 나누며 그 깨어짐 속에서 체험한 하나님의 사랑을 전한다.

주님은 지금도 아브라함처럼, 야곱처럼, 우물가의 여인처럼 깨어진 사람을 들어 사용하신다. 만일 내가 아직 주님께 쓰임 받지 못하고 있다면 그것은 주님이 나를 덜 사랑해서가 아니다. 아직 내가 덜 깨어졌기 때문이다. 주님은 나의 자아를 깨뜨리고, 교만을 다듬으시며, 결국 나를 주의 일꾼으로 사용하시기 위해 오늘도 일하고 계신다. 이것이 깨어짐의 또 하나의 은혜이다.

## 깨어짐은 십자가로 가는 길

**셋째, 깨어짐은 예수님의 사랑을 더욱 깊이 깨닫게 하기 위함이다**
예수님이 십자가에서 깨어지셨기에 우리가 치유를 받았다. 그분이 상하심으로 우리가 온전하게 되었다. "그가 찔림은 우리의 허물 때문이요 그가 상함은 우리의 죄악 때문이라 그가 징계를 받으므로 우리는 평화를 누리고 그가 채찍에 맞으므로 우리는 나음을 받았도다"(사 53:5).

깨어짐은 끝이 아니라 초대이다. 그 아픔을 통해 예수님의 사랑이 얼마나 크고, 결코 우리를 놓지 않는 사랑인지를 배우게 하려는 것이다. 예수님은 깨어진 우리를 포기하지 않으신다. 오히려 그 깨어짐을 통해 우리를 빚으시고 다듬으셔서 더 깊은 제자의 자리로 이끌어 가신다.

얼마 전 하늘로 부름받은 팀 켈러 목사는 췌장암 투병 중 이런 고백을 남겼다. "나는 암과 싸우고 있는 것이 아니라 내 죄와 싸우고 있다. 신자는 죽든 살든 결과와 상관없이 이미 죽음을 이긴 자다. 예수 그리스도께서 죽음을 이기셨기 때문이다. 이제 죽음이 할 수 있는 일이라곤 우리를 지금보다 더 행복하고 더 사랑받는 존재로 만드는 것뿐이다."

그는 마지막으로 뉴욕 리디머교회 사역자들에게 이렇게 말했다. "사람들의 평판을 두려워하지 말라. 자격 증명에 집착하지 말라. 사역의 성공을 자신의 정체성으로 삼지 말라. 뉴욕에서 이름을 얻는 것이 목표가 되어서는 안 된다. 예수님의 이름을 높이라. '이름이 거룩히 여김을 받으시오며.' 자신을 잊고, 평판을 잊어버려라. 하나님의 이름이 높아지기 위해 할 수 있는 일을 하라."

깨어짐은 예수님의 사랑의 증거다. 예수님은 우리가 완벽하기 때문에 사랑하시는 것이 아니다. 우리가 넘어지고 깨어져도, 그 자리에서 결코 포기하지 않으신다. 그분은 우리의 깨어짐을 통해 우리를 더 깊이 사랑하시며 그 사랑으로 세상 가운데 자신을 나타내신다.

나의 깨어짐 속에서 예수님의 사랑이 드러나는 것, 그것이 깨어짐의 은혜이다. 이 은혜가 오늘 우리의 일상에서도 자연스럽게 살아 움직이기를 바란다.

> 뜻밖의 은혜 3

# No가 은혜

마 26:36-39

오랫동안 간절히 기도했던 제목이 있는가? 그 기도가 응답되었을 때 마음 깊은 곳에서 얼마나 감사와 기쁨이 솟아났던가? 반대로 간절히 구했지만 아무런 응답이 없을 때는 어땠는가? 이번만큼은 꼭 들어주셔야 한다고 믿었는데 하나님은 왜 침묵하실까? 왜 내 기도만 응답되지 않을까? 그럴 때 우리는 낙심하고, 마음 한구석이 늘 무겁고 답답해진다. 무엇을 해도 즐겁지 않고 심지어 삶 전체가 회색빛으로 느껴질 때도 있다.

우리가 기도의 응답을 받지 못하는 이유는 무엇일까? 성경은 기도 응답을 막는 여러 가지 장애물을 말한다.

1. 기도하지 않기 때문이다. "너희가 얻지 못함은 구하지 아니하기 때문이요"(약 4:2). 기도하지 않으면 응답이 없다. 구하지 않았으니 얻지 못하는 것은 너무도 당연하다.
2. 잘못된 동기로 구하기 때문이다. "구하여도 받지 못함은 정욕으로 쓰려고 잘못 구하기 때문이라"(약 4:3). 기도의 동기가 순수하지 않으면 응답이 막힌다.
3. 죄를 품고 있기 때문이다. "내가 나의 마음에 죄악을 품었더라면 주께서 듣지 아니하시리라"(시 66:18). 죄는 하나님과의 통로를 막는 벽이 된다.
4. 의심하기 때문이다. "오직 믿음으로 구하고 조금도 의심하지 말라 의심하는 자는 마치 바람에 밀려 요동하는 바다 물결 같으니 이런 사람은 무엇이든지 주께 얻기를 생각하지 말라"(약 1:6-7).
5. 용서하지 않기 때문이다. "서서 기도할 때에 아무에게나 혐의가 있거든 용서하라 그리하여야 하늘에 계신 너희 아버지께서도 너희 허물을 사하여 주시리라"(막 11:25).

이처럼 기도의 응답에는 여러 조건이 있지만 그래도 우리가 묻고 싶은 질문이 남는다. '그럼에도 왜, 하나님은 내 기도에 No라고 하실까?'

## 응답이 없는 것도 응답이다

99세까지 복음을 전하며 살았던 세계적인 전도자 빌리 그레이엄 목사도 이런 고백을 남겼다. "나도 하나님께 여러 번 간절히 기도했지만 분명 옳다고 믿었던 일들이 응답되지 않아 실망할 때가 많았다." 그의 고백처럼 하나님의 'No'는 단순한 거절이 아니라 인도하심의 한 종류다. 그것은 또 다른 형태의 은혜를 예비하고 계신 신호일지도 모른다.

신앙생활에서 가장 흔히 하는 착각 중 하나는 기도 응답에 대한 오해다. 그만큼 간절하기 때문이다. 누군가에게 무언가를 간청할 때 청하는 입장에서 바라는 대답은 언제나 '예스'Yes다. 기도도 마찬가지다. 우리는 하나님께서 우리의 뜻대로 들어주셔야만 그것이 응답이라고 여긴다. 조금 더 깊이 생각해 보자. 우리는 정말 기도를 응답받지 못한 것일까?

하나님의 입장에서는 'Yes'만이 응답이 아니다. 'No'도 응답이다. 'Wait'(기다려라)도 응답이다. 그리고 그 외의 다양한 방식으로 응답하실 수도 있다.

그렇다면 나만 'No'라는 응답을 받은 것일까? 그렇지 않다. 성경 속 인물들도 수없이 'No'라는 응답을 경험했다. 왕의 명령을 거부하고 우상에게 절하지 않은 다니엘의 세 친구는 분명 풀무불에 던져지지 않게 해달라고 기도했을 것이다. 그러나 그들은 불길 속으로 던져졌다. 그들이 받은 응답은 'No'였다. 다니엘 또한 마찬가지였다. 사자굴에 던져지지 않게 해달라고 기도했지만 결국 그는 굶주린 사자들 앞에 서야 했다. 그의 기도 응답도 'No'였다. 아브라함은 소돔에 심판이 내리지 않도록 간절히 기도했지만 그 땅은 멸망했다. 요셉은 억울하게 팔려간 이집트의 감옥에서 수없이 "아버지께 돌아가게 해달라"고 기도했지만 그의 기도는 오랜 세월 응답되지 않았다. 세례 요한은 헤롯의 감옥에서 죽음을 앞두고 "다시 복음을 전할 수 있게 해달라"고 간절히 구했지만 결국 참수형을 당했다. 사도 바울은 복음을 전하기 위해 아시아로 가기를 원했지만 성령께서 길을 막으셨다. 그리고 예수님조차 겟세마네에서 "이 잔을 내게서 옮겨 주옵소서"라고 기도하셨지만 그 응답은 'No'였다.

그렇다. 예수님조차 'No'라는 응답을 받으셨다. 그리고 바로 그 'No' 덕분에 인류 구원의 역사가 완성될 수 있었다. 기도 응답을 가로막는 장애물이 있어서 'No'일 수도 있다. 그러나 때로는 동기와 믿음이 올바르고 간절히 구했는데도 'No'로 응답받을 수 있다.

왜일까? 그 'No' 안에는 우리가 미처 알지 못하는 하나님의 더 크고 깊은 은혜가 담겨 있기 때문이다. 하나님이 주시는 모든 응답 —'Yes', 'No', 'Wait'— 그 어느 것도 실패가 아니다. 모두가 하나님의 선하신 뜻 안에 있는 응답이다.

## 하나님은 때로 막으심으로 일하신다

그렇다면 왜 하나님의 'No'가 우리에게 은혜일까?

**첫째, 하나님이 하나님이심을 깨닫게 하기 때문이다**

하나님은 전능하신 분이시고, 우리는 그분이 만드신 피조물이다. 그분은 우리의 이해를 초월한 위대하신 창조주이시다.

하나님의 창조세계를 보라. 인간이 관측할 수 있는 가장 먼 별은 약 200억 광년 떨어져 있다. 1초에 30만 킬로미터를 달리는 빛이 200억 년 동안 쉬지 않고 달려야 닿을 거리다. 그리고 별들 중에 베텔게우스Betelgeuse라는 별이 있는데, 그 부피가 태양의 2천7백만 배에 이른다.

우리의 은하수에는 약 2천억~4천억 개의 별이 있다. 그런데 이 은하수조차 우주 전체의 약 2천억 개 은하 중 하나에 불과하다. 그 수많은 은하 중 하나인 은하수 안에 태양계가 있고, 그 태양계 안에 자리한 작은 행성이 바로 지구다. 그리고 그 지구 위에 있는 '나'라는 존재는 그야말로 티끌보다도 작은 한 점에 불과하다. 이처럼 창조주와 피조물 사이에는 측량할 수 없는 차이가 있다. 그러므로 하나님의 뜻과 섭리를 내가 온전히 이해할 수는 없다.

때로는 신앙생활을 열심히 하다가도 하나님의 계획이 이해되지 않아 답답할 때가 있다. 불교는 철학적 체계 속에서 이성적으로 이해하기 쉬운 면이 있다. '부처님 말씀, 옳으신 말씀'이라며 이성적으로 납득할 수 있는 구조를 갖추고 있다. 하지만 기독교 신앙은 다르다. 성경의 많은 내용은 인간의 이성으로는 불합리하게 보인다. "홍해가 갈라졌다. 처녀가 잉태하여 아들을 낳았다. 하나님이 인간의 몸으로 오셨다. 예수님이 물 위를 걸으셨다. 죽은 나사로가 다시 살아났다. 신이 인간을 대신해 십자가에서 죽으셨다. 죽음에서 부활하셨다." 이 모든 것은 이성적으로는 설명할 수 없는 일들이다. 초대 교부 터툴리안은 이렇게 말했다. "나는 불합리하기 때문에 믿는다."

그럼에도 왜 우리는 불합리해 보이는 하나님을 믿어야 할까? 만약 피조물인 내가 하나님의 모든 일을 이성으로 다 이해할 수 있다면 그분을 정말 '하나님'이라고 부를 수 있을까? 그분은 여전히 창조주이자 전능자, 나의 한계를 넘어선 분이시다. 하나님은 우리의 기도에 언제나 '예스'로만 응답하지 않으신다. 스마트폰 앱으로 난방이나 보안 시스템을 원격 조정하고 어디서든 쉽게 송금하듯, 하나님을 우리가 원하는 대로 조종할 수는 없다. 자판기에서 버튼을 누르면 원하는 과자가 떨어지듯 기도를 버튼처럼 눌러 내가 원하는 것—심지어 내게 해가 될 수도 있는 것까지—을 언제든 얻어낼 수 있는 것도 아니다. 하나님은 내가 "돈 나와라, 뚝딱" 하면 반응하는 도깨비

방망이가 아니다. 기도는 하나님을 조종하는 수단이 아니라 하나님의 주권에 나를 맞추는 과정이다.

에덴동산에서 인간이 하나님의 말씀에 불순종하고 하나님처럼 되고자 했을 그때 인류에게 진짜 고통이 찾아왔다. 그러므로 내 기도가 'No'로 응답될 때 그것은 하나님이 여전히 하나님이심을 알려주는 신호다. 나는 피조물이고, 그분은 주권자이시다. 내 뜻이 아니라 그분의 뜻이 이루어짐을 배우게 하는 은혜, 그것이 바로 하나님의 'No' 속에 담긴 놀라운 축복이다.

## 하나님의 'No'는 방향을 바꾸는 신호

**둘째, 'No' 응답을 통해 내 뜻이 아니라 하나님의 뜻이 이루어지기 때문이다**

불교, 회교, 산신령, 무당, 점 등 세상의 모든 종교와 무속신앙 그리고 우리의 기도에는 공통점이 있다. 모두 '내 소원을 이루어달라'는 것이다.

어떤 아들이 하나님께 이렇게 간절히 기도했다. "하나님, 미국의 수도가 뉴욕이 되게 해주세요." 그 말을 들은 엄마는 아들이 나라를 위해 기도하는 줄 알고 물었다. "왜 그런 기도를 하니?" 아들이 대답했다. "엄마, 내가 시험지에 미국의 수도를

'워싱턴 DC'가 아니라 '뉴욕'이라고 썼거든요."

《제자입니까》의 저자 후안 칼로스 목사는 이렇게 말했다. "우리 그리스도인들의 기도 중 80퍼센트는 의미와 가치가 없어 하늘나라에 가면 바로 쓰레기통에 들어간다." 조금 과격하게 들릴지 모르지만 곱씹어볼 만한 말이다. 기도의 궁극적인 목적은 나의 뜻을 이루는 것이 아니다. 예수님은 주기도문을 통해 이렇게 가르치셨다. "뜻이 하늘에서 이루어진 것 같이 땅에서도 이루어지이다." 기도란 하나님의 뜻이 내 삶에 이루어지기를 구하는 것이다. '내 뜻'이 하나님의 뜻과 어긋나면, 나는 하나님의 역사를 막는 걸림돌이 된다.

예수님의 수제자 베드로는 "주는 그리스도시요 살아계신 하나님의 아들"이라고 위대한 고백을 했다. 그러나 주님께서 십자가를 지신다고 하자 곧바로 "그럴 수 없습니다"라며 자기 뜻을 앞세웠다. 그때 예수님은 단호히 말씀하셨다. "사탄아, 내 뒤로 물러가라." 베드로의 말이 하나님의 뜻을 가로막았기 때문이다. 예수님께서 겟세마네 동산에서 드린 기도를 보라. "내 아버지여 만일 할 만하시거든 이 잔을 내게서 지나가게 하옵소서 그러나 나의 원대로 마시옵고 아버지의 원대로 하옵소서"(마 26:39). 예수님은 하나님의 뜻을 이루기 위해 자신의 뜻을 내려놓는 기도를 하셨다. 기도란 바로 나의 뜻을 포기하고 하나님의 뜻에 순종하는 행위다.

그러나 내 뜻을 포기하지 못하면 어떤 일이 생기는가? 곧 낙심하고 실망한다. 하나님이 내 뜻대로 움직이지 않으면 불만이 생기고, 심하면 원망으로 이어진다. 이것이 불신앙이다. 기도를 통해 하나님을 조정하려는 것은 하나님의 뜻을 내 뜻에 굴복시키려는 행위이며 결국 우상숭배다. 하나님이 'No'라고 하실 때, 그 응답을 겸손히 받아들이고 순종하면 비로소 우리의 삶 속에 하나님의 뜻이 이루어진다. 그때 우리는 내 뜻이 아니라 하나님의 뜻이 이루어지는 은혜를 경험하게 된다.

**셋째, 'No' 응답을 통해 하나님의 선하심을 경험하기 때문이다**

하나님이 주시는 응답은 언제나 선하다. 그분이 본질적으로 선하신 분이기 때문이다. 비록 그 응답이 'No'일지라도, 선하신 하나님은 그 'No'를 통해서도 선을 이루신다. "우리가 알거니와 하나님을 사랑하는 자 곧 그의 뜻대로 부르심을 입은 자들에게는 모든 것이 합력하여 선을 이루느니라"(롬 8:28). 이 말씀은 고난의 맥락에서 주어진 말씀이다. "생각하건대 현재의 고난은 장차 우리에게 나타날 영광과 비교할 수 없도다"(롬 8:18).

우리가 예수님을 따르며 살아갈 때 원치 않는 고난을 겪기도 한다. 질병, 사업의 어려움, 결혼의 갈등, 자녀 양육의 부담, 부모의 병환…. 삶은 끝없는 시험과 도전의 연속이다. 우리는 이런 문제 앞에서 간절히 기도한다. "하나님, 이 상황을 해결해 주세요." 그런데 때로는 응답이 'No'일 때가 있다. 그럴 때 낙심하지 말라. 선하신 하나님의 'No'는 결코 끝이 아니다. 하나님은 언제나 우리가 구한 것보다 더 나은 것을 주신다. 현재의 고난 속에서도 합력하여 선을 이루시며, 그 과정을 통해 장차 더 큰 영광을 예비하신다.

성 어거스틴의 이야기가 그 좋은 예다. 그는 학창 시절 심한 폭력과 따돌림을 당했다. 매일 매를 맞으며 괴로워한 그는 "더 이상 맞지 않게 해달라"고 하나님께 기도했다. 그러나 폭력은 멈추지 않았다. 결국 그는 학교를 그만두고 로마로 가길 원했다. 하지만 어머니 모니카는 반대했다. "이곳에서도 제대로 살지 못하는데 죄악이 가득한 로마에 가면 더 망가질 것이다." 모니카는 아들이 로마로 가지 못하게 해달라고 간절히 기도했다. 그러나 아들은 결국 로마로 떠났다. 그 여정에서 그는 밀라노의 감독 암브로스를 만났다. 이 만남이 그의 인생을 완전히 바꾸어 놓았다. 훗날 어거스틴은 《고백록》에서 이렇게 기록했다. "내가 밀라노로 간 것은 결국 암브로스에게 이끌리기 위함이었다."

모니카의 기도 응답은 'No'였다. 그러나 그 'No'를 통해 하나님은 아들을 변화시키셨다. 합력하여 선을 이루신 것이다. 하나님의 'No'에는 언제나 숨겨진 '더 큰 예스'가 있다. 지금 이해되지 않아도, 그분의 시간 안에서 반드시 선으로 드러난다. 이것이 'No' 응답에 담긴 하나님의 선하심의 은혜다.

## 기도한 대로는 아니지만 뜻대로 되었다

**넷째, 'No' 응답을 통해 내 삶의 주어가 '하나님'이 되기 때문이다**

내 뜻을 이루려는 사람과 하나님의 뜻을 이루려는 사람의 기도에는 근본적인 차이가 있다. 바로 기도의 주어가 누구인가 하는 점이다. 바리새인은 이렇게 기도했다. "바리새인은 서서 따로 기도하여 이르되 하나님이여 나는 다른 사람들 곧 토색, 불의, 간음을 하는 자들과 같지 아니하고 이 세리와도 같지 아니함을 감사하나이다 나는 이레에 두 번씩 금식하고 또 소득의 십일조를 드리나이다"(눅 18:11-12). 이 기도의 주어는 '나'이다. 그는 기도 속에서 하나님을 높이지 않고, 자기 자신을 드러내려 했다.

반면 세리는 이렇게 기도했다. "하나님이여 불쌍히 여기소서 나는 죄인이로소이다." 이 기도의 주어는 '하나님'이다. 그의 기도는 자신의 의가 아니라 죄인을 용서하시고 구원하시는 하나님의 뜻이 이루어지는 기도였다.

그렇다면 내 기도의 주어는 누구인가? 잘 모르겠다면 기도를 글로 써보거나 녹음해 들어보라. 그 문장들의 주어가 대부분 '나'라면 나는 여전히 나의 뜻, 나의 원함, 나의 성공, 나의 영광을 위해 기도하고 있는지도 모른다. 그러나 주어가 '하나님'이라면 그 기도는 하나님 나라와 뜻, 이름과 영광을 구하는 기도에 가까울 것이다.

조정민 목사는 그의 책 《왜 기도하는가》에서 이렇게 말했다. "기도의 자리는 인생의 주어가 바뀌는 자리입니다. 내가 주어가 되는 일상의 어법을 떠나 하나님이 주어가 되시는 자리입니다. 그래서 기도는 인생 역전의 열쇠입니다. 누군가를 이기는 역전이 아니라 하나님의 도우심으로 내가 나 자신을 이기는 역전입니다." 하나님이 내 인생의 주어가 되면 나는 나의 원함과 욕심을 내려놓을 수 있다. 그리고 비로소 나 자신을 이기는 진짜 역전의 삶을 경험하게 된다. 그때 우리는 'No' 응답조차 감사로 받아들이게 된다.

정용철 시인의 〈기도한 대로는 아니지만〉이란 시로 말씀을 맺고자 한다.

내가 기도한 대로는 아니지만
지금의 내 모습에 만족합니다.
정말 멋있고 예쁜 모습의 나이기를 바랐지만
만약 그렇게 되었으면

나는 지금보다 더 교만하고 외모에 치중하여
겸손과 소박함의 아름다운 삶을 모른 채 살아가고 있을 것입니다.
그래서 나는 지금의 내 모습에 감사할 뿐입니다.

내가 기도한 대로는 아니지만
지금 내가 걸어가고 있는 길에 만족합니다.
더 쉽고 빠른 길로 가게 되기를 바랐지만
만약 그렇게 되었으면
지금의 소중한 것을 보지 못한 채
외롭고 지친 몸으로 앞만 보고 달려가고 있을 것입니다.
그래서 나는 지금 걷고 있는 나의 길에 대하여 감사할 뿐입니다.

내가 기도한 대로는 아니지만
지금 내가 소유한 물질에 만족합니다.
더 많은 물질을 가질 수 있기를 바랐지만
만약에 그렇게 되었다면
나는 마음의 아름다움보다
물질의 풍요가 더 귀한 줄 알았을 것입니다.
그래서 나는 지금 이만큼의 내 것에 감사할 뿐입니다.

기도의 응답은 언제나 'Yes'일 필요가 없다. 때로는 'No'도 응답이다. 우리는 'No'라는 응답을 들으면 낙심하고 실망한다. 그러나 오히려 그 'No'가 우리를 하나님 앞에 세운다. 하나님의 선하심을 기억하게 하고 그분을 더욱 신뢰하게 하며 순종을 배우게 한다. 우리 삶을 보호하고 마침내 그분의 뜻이 우리의 삶을 통해 이루어지게 한다.

나 역시 여러 번 'No' 응답을 받은 적이 있다. 30대 초반, 한국 교회에서 목회를 배우고 싶었다. 한 유명한 목사님이 섬기는 교회로부터 부목사 청빙을 받았다. 많은 사역자가 선망하던 자리였다. 미국에서 자라 신앙의 연륜도, 인맥도 없던 내가 그 기회를 얻었으니 얼마나 감사했는지 모른다. 나는 큰 기대를 품고, 섬기던 교회를 사임하고 비자 수속을 시작했다.

하지만 순조로워 보이던 일이 예상치 못한 이유로 계속 미루어졌다. 2년 넘게 기다렸지만 결국 취업 비자를 받지 못했다. 하나님의 응답은 'No'였다. 물론 실망하지 않았다고 말하고 싶지만 솔직히 당시에는 크게 낙심했다. 그러나 시간이 흐른 지금, 돌이켜보면 그 'No'가 은혜였다. 그때 하나님은 내 인생의 주어를 바꾸셨다. '내가' 가서 섬기겠다는 뜻이 아니라 '하나님이' 세우시고 이끄시는 자리에서 일하게 하셨다. 기도한 대로는 아니었지만 그 'No' 덕분에 하나님의 뜻이 이루어지고, 하나님이 하나님 되심을 배웠다.

지금도 나는 그 은혜를 누리고 있다. "기도한 대로는 아니지만 하나님의 뜻대로 되어 감사하다." 그것이 'No' 응답이 가르쳐주시는 은혜다. 시간이 흐른 뒤 돌아보면 멈춤처럼 보였던 순간이 오히려 가장 깊은 배움의 자리였음을 알게 된다.

**뜻밖의 은혜 4**

# 항복이 은혜

잠 3:5-6

'항복'surrender이라고 하면 어떤 이미지가 먼저 떠오르는가? 먼저는 제2차 세계대전 당시 더글러스 맥아더 장군 앞에서 항복 문서에 서명하던 일본 장성들이 그려진다. 또는 UFC 경기에서 상대를 조르기나 꺾기 기술로 제압해 항복을 받아내는 장면도 연상된다. 혹은 중독이나 질병과 싸우는 사람들의 치열한 투쟁이 떠오르기도 한다. 그럴 때 우리는 이렇게 외친다. "끝까지 싸워야 합니다. 절대 포기하지 마세요. 절대 항복하지 마세요."

우리 사회에서 '항복'은 대체로 부정적인 의미로 쓰인다. 사전적 의미 그대로, 적이나 상대의 힘에 눌려 굴복하는 것을 뜻하기 때문이다. 항복은 흔히 단념, 패배, 복종, 굴복 같은 단어와 함께 연상된다. 그래서 세상은 늘 말한다. "포기하는 사람은 이길 수 없다." "끝날 때까지는 끝난 게 아니다."

## 패배처럼 보이지만, 은혜의 시작

물론 인생이 힘들다고 쉽사리 포기해서는 안 된다. 환경이나 상황이 조금만 나빠져도 쉽게 무릎 꿇어서도 안 된다. 하지만 신앙의 세계는 다르다. 믿음의 여정은 '하나님께 항복하는 순간'에서 시작된다. 하나님이 기뻐하시는 사람으로 살고, 그분의 은혜를 누리며 살아가려면 먼저 하나님께 항복해야 한다. 그렇다면 하나님께 항복한다는 것은 무엇을 의미할까? 그런 사람은 어떤 은혜를 누릴까?

### 첫째, 하나님께 내 인생을 맡기는 것이다

지혜의 왕 솔로몬은 이렇게 말했다. "너는 마음을 다하여 여호와를 신뢰하고 네 명철을 의지하지 말라 너는 범사에 그를 인정하라 그리하면 네 길을 지도하시리라"(잠 3:5-6). 성경은 '너의 마음을 신뢰하라'Trust your heart라고 말하지 않는다. '마음을 다해 하나님을 신뢰하라'Trust God with your heart고 말한다.

세상은 우리에게 말한다. "누구에게도 항복하지 마라. 항복은 굴욕이고 실패다." 그래서 "네 마음이 이끄는 대로 살아라. 본능을 따라라. 네 자신을 믿어라"라고 강조한다.

하지만 성경은 전혀 다르게 말한다. "만물보다 거짓되고 심히 부패한 것은 마음이라"(렘 17:9). 우리의 마음은 죄로 인해 왜곡되고, 환경과 기분에 따라 쉽게 흔들린다. 따라서 마음이나 본능은 신뢰의 대상이 될 수 없다. 오직 거룩하신 하나님, 어제나 오늘이나 영원토록 변함없는 예수님만이 신뢰의 대상이다.

'하나님을 신뢰하라'는 말씀은 그분께 몸과 마음을 기대고, 그분께 맡기며, 그분을 전적으로 의지하라는 뜻이다. 하나님께 항복하는 것은 굴욕이 아니다. 그분의 통치 아래서 보호받고 공급받는 삶이다. 삶의 주인이 내가 아니라 하나님임을 인정하는 일이다.

우리 부부는 24살에 결혼했다. LA에서 결혼식을 올린 뒤 한 달 만에 신학 공부를 위해 텍사스주 댈러스로 향했다. 자동차 뒤에 작은 이삿짐 트레일러(약 1.2×1.8미터 U-Haul)를 달고 출발했다. 그것이 우리의 전 재산이었다. 부모님이 가구 사라고 주신 돈까지 첫 학기 등록금으로 써야 했다. 아는 사람 하나 없는 낯선 도시에서 그렇게 신혼생활과 신학교 생활을 동시에 시작했다. 젊고 미숙했던 나를 전도사로 불러주는 교회도 없었고, 안정된 직장도 없었다. 생활비와 학비를 벌기 위해 밤낮으로 일했지만 몸보다는 마음이 더 힘들었다.

나는 의사를 원했던 아버지의 기대를 거스르고 신학교에 진학했다. 경제적 어려움, 미래에 대한 불안, 양가 부모의 구원 문제까지, 어떤 고민도 부모님께 털어놓을 수 없었다. '하나님이 나를 부르셨다면, 그분이 책임지신다.' 이 믿음 하나로 버텼다.

지치고 힘들 때마다 붙잡은 말씀이 있었다. "너는 마음을 다하여 여호와를 신뢰하고 네 명철을 의지하지 말라 너는 범사에 그를 인정하라 그리하면 네 길을 지도하시리라"(잠 3:5-6). 이 말씀은 내게 단순한 교훈이 아니었다. "자신의 판단을 의지하지 말고, 하나님이 내 삶의 주인임을 인정하라." 그 진리가 삶의 무게 속에서 방향을 잃지 않게 붙들어주었다. 내 뜻을 내려놓고 맡길 때 비로소 평안이 찾아왔다. 그것이 바로 하나님께 항복한다는 뜻이었다.

## 순종은 패배가 아니라 하나님의 전략

**둘째, 내 뜻이 아니라 하나님의 뜻을 따르는 것이다**

"우리의 연수가 칠십이요 강건하면 팔십이라도 그 연수의 자랑은 수고와 슬픔뿐이요 신속히 가니 우리가 날아가나이다"(시 90:10). 90편은 모세의 고백이다. 모세는 40세에 애굽의 왕궁을 떠나(행 7:23), 40년 동안 미디안 광야에서 양을 치며 무명인으로 살았다. 이제 80세가 된 그는 인생의 끝자락에 서 있다고 생각했다. 그러나 하나님은 바로 그때 호렙산 떨기나무 불꽃 가운데서 그를 부르셨다. "네가 선 곳은 거룩한 땅이니 네 발에서 신을 벗으라"(출 3:5).

하나님은 왜 모세에게 신을 벗으라고 하셨을까? 당시 종이나 노예는 신발을 신지 않았다. 신을 벗는다는 것은 '누가 주인이며, 누구의 명령에 순종해야 하는지'를 인정하는 행위였다. 다시 말해 신을 벗으라는 말씀은 모세에게 "너는 이제 나의 종이다"라는 선언이었다. 모세는 그 자리에서 신을 벗었다. 그 순간 그는 자신의 뜻을 내려놓고 하나님의 뜻에 항복했다.

광야에서 모세가 아말렉과 전쟁할 때, 여호수아는 산 아래에서 싸우고 있었고, 모세는 산꼭대기에서 하늘을 향해 손을 들고 있었다. 그런데 모세가 손을 들면 이스라엘이 이기고, 피곤해 손을 내리면 아말렉이 이겼다. 어떤 성경학자들은 이 장면을 '기도의 상징'으로 본다. 그러나 만약 그것이 단순히 기도를 의미했다면 굳이 두 손을 들어 올린 채로 그렇게 오래 버틸 이유가 있었을까? 산꼭대기에서 무릎을 꿇고 조용히 기도해도 되었을 것이다.

다른 학자들은 이 장면을 '하나님께 항복하는 행위'로 해석한다. 모세가 두 손을 높이 든 것은 전능하신 하나님께 자신을 내어맡기고 전쟁의 주도권을 하나님께 드린 상징이라는 것이다. 나는 두 해석 모두 옳다고 생각한다.

모세는 하나님께 항복하며 기도했다. 그는 인간의 전략이 아닌 하나님의 방식으로 전쟁에 나섰다. 결과는 대승이었다. 모세의 두 팔이 들려 있던 그 순간 전쟁의 승패는 이미 결정되어 있었다. 그것은 인간의 힘이 아니라 하나님께 항복한 자의 믿음이 가져온 승리였다.

당신의 삶을 통해 하나님의 뜻이 이루어지길 바라는가? 그렇다면 모세처럼 두 손을 들라. 하나님께 항복하라. "이제 내 뜻대로 살지 않겠습니다." 그렇게 결단하라. 예수님도 십자가를 앞두고 이렇게 기도하셨다. "나의 원대로 마시옵고 아버지의 원대로 하옵소서"(마 26:39).

하나님의 뜻에 항복하는 것이 먼저다. 그때 비로소 하나님은 우리의 삶을 통해 자신의 뜻을 이루신다. 사는 것이 버겁고 불안한가? 내 계획이 어긋날 때마다 조급한가? 그럴 때 잠시 멈추어 지난 삶을 돌아보라. 지금까지 내 뜻대로 된 일이 얼마나 있었는가? 아마 내 뜻대로 되지 않은 일이 훨씬 많았음을 인정할 수밖에 없을 것이다.

한 사업가가 내게 이런 말을 했다. "목사님, 지금까지 미국에서 살면서 제 뜻대로 된 일은 거의 없었습니다. 그런데 돌이켜보면 제 뜻이 아니라 주님의 뜻대로 된 일에 더 감사하게 됩니다." 그렇다. 우리가 원했던 많은 것은 사실 욕망과 순간적 바람에 지나지 않는다. 그래서 내 뜻이 이루어지지 않고 하나님의 뜻이 이루어지는 것이야말로 진짜 은혜이고 축복이다. 내 뜻이 아니라 하나님의 뜻이 이루어질 때 비로소 인생은 가장 단단하고 평안한 자리에 선다.

**셋째, 하나님께로 돌아오는 것이다**

세리장 삭개오는 로마 정부와 결탁해 동족의 돈을 빼앗던 민족의 배신자였다. 그는 누구보다 부유했지만 동시에 누구보다 외로웠다. 그런 그가 예수님 앞에서 이렇게 고백했다. "주여 보시옵소서 내 소유의 절반을 가난한 자들에게 주겠사오며 만일 누구의 것을 속여 빼앗은 일이 있으면 네 갑절이나 갚겠나이다"(눅 19:8).

왜 이런 고백이 나왔을까? 예수님을 만난 삭개오는 돈만 바라보던 자신의 인생이 얼마나 비참했는지를 깨달았다. 그는 더 이상 세리로, 탐욕의 노예로 살 수 없었다. 그가 예수님께 나아갔다는 것은 이제 자신의 욕심을 내려놓고 삶의 방향을 바꾸었다는 뜻이다. 더 이상 돈이 아니라 예수님을 따르기로 마음을 돌린 것이다. 그는 더 이상 돈을 위해 살지 않고, 이제는 하나님의 뜻에 따라 나누는 삶을 선택했다.

탕자 역시 마찬가지다. 아버지의 재산을 미리 받아 먼 나라로 떠나 쾌락의 고속도로를 달리며 방탕하게 살았다. 하지만 흉년이 들자 모든 것이 무너졌다. 돈은 사라지고, 친구는 떠나고, 그는 하루하루를 버티기조차 힘든 노숙자가 되었다. 그제야 그는 깨달았다. 자신에게 돌아갈 곳은 오직 아버지의 집뿐이라는 것을. 그는 결국 항복했다. 아버지의 뜻에 순종하며 돌아왔다.

혹시 지금, 하나님을 떠나 자기 뜻대로 살고 있지는 않은가? 탕자처럼 '내 마음이 원하는 대로' 살아왔지만 결국 남은 것은 허무와 외로움뿐이진 않은가? 관계는 깨어지고, 몸은 지치고, 삶의 의미가 희미해지고 있진 않은가? 그렇다면 그것은 우연이 아니다. 하나님께로 돌아오라는 신호다. 자기 뜻의 끝에서 비로소 들리는 초대의 음성이다. 이제 항복하라. 돌아오라. 그곳이 바로 회복이 시작되는 자리다.

### 하나님은 항복한 자를 통해 일하신다

하나님께 항복하는 사람이 누리는 은혜가 있다.

**첫째, 하나님께서 내 삶을 인도하시고 돌보시는 은혜이다**
"너는 범사에 그를 인정하라 그리하면 네 길을 지도하시리라"(잠 3:6). 하나님을 의지하고, 모든 일에 그분의 뜻을 인정하며 따라갈 때 하나님께서 우리의 길을 틀림없이 인도하신다. 성경은 "하나님께서 우리의 길을 지도하실 수 있다"라고 하지 않는다. "네 길을 지도하시리라He will"라고 단언한다.

하형록 목사는 그의 책《W31, 성경대로 세상 살기》에서 자신이 하나님께 항복하게 된 계기를 이렇게 고백한다. 그는 심장 이식을 받아야 하는 절박한 순간에 이르기 전까지 진정한 항복의 의미를 깨닫지 못했다고 한다.

"주치의가 '당신은 이제 심장 이식을 받을 수밖에 없습니다'라고 말했을 때조차도 나는 그의 제안을 거절하고 다른 선택이나 치료 방법을 찾아보자고 우겼다. 다른 어떤 선택조차 불가능하다는 사실을 알게 된 날, 나는 비로소 내게 남은 선택은 단 하나, 심장을 이식받는 것뿐임을 깨닫게 되었다. 그리고 어둡고 조용한 방 안에 혼자 남겨졌을 때 나는 울었다. 내가 찾고자 했던 모든 선택의 가능성은 물거품이 되었고, 이제 주님 외에는 돌아갈 곳이 없다는 사실을 깨달았다. 그날 밤, 나는 생애 처음으로 주님께 완전히 항복했다.

그는 두 번의 심장 이식 수술을 받고도 여전히 건강히 사역하며 하나님의 돌보심을 증거하고 있다. 하나님께 항복한다는 것은 패배가 아니라 하나님의 손안에서 보호받는 선택이다. 그분의 통치 아래 머물 때 하나님은 우리의 삶을 인도하시고 돌보신다. 이것이 바로 항복의 은혜이다.

### 둘째, 하나님께서 나를 통해 하나님의 뜻을 이루시는 은혜이다

노아의 '방주'는 크고, 요게벳이 갓난아기 모세를 넣은 갈대 '상자'는 작다. 그런데 노아의 '방주'도 히브리어로 '테바'*tebah*이고, 모세의 갈대 '상자'도 '테바'이다. 크기는 다르지만 둘 다 하나님의 뜻을 이루는 도구로 쓰였다. 노아는 하나님의 말씀에 순종하여 마른 땅 위에 방주를 지었다. 요게벳은 갓난아들 모세를 갈대 상자에 넣고 나일강에 띄웠다. 둘 다 자신의 뜻을 내려놓고 하나님의 뜻에 항복했다. 그 결과 노아의 가족은 홍수에서 구원받았고 모세는 살아남아 훗날 이스라엘 백성을 이집트에서 해방시키는 지도자가 되었다.

우리가 가장 행복할 때는 언제일까? 보잘것없는 나를 통해 하나님의 뜻이 이루어지는 순간이다. 어떤 사람은 노아의 방주처럼 크게 쓰임받고, 어떤 사람은 모세의 갈대 상자처럼 작게 쓰임받는다. 그러나 크고 작음이 중요하지 않다. 하나님은 우리가 드리는 작은 항복을 통해서도 그분의 뜻을 이루신다. 그분의 일에 쓰임받는 그것이 항복의 은혜이다.

### 셋째, 하나님 앞에서 평생 예수님의 종으로 사는 은혜이다

"예수 그리스도의 종 바울은 사도로 부르심을 받아 하나님의 복음을 위하여 택정함을 입었으니"(롬 1:1). 사도 바울은 목회서신 어디에서도 자신을 "율법의 대학자", "교회 개척의 대가", "전도자", "영적 투사"라고 소개하지 않았다. 그는 단 한마디로 자신을 '예수 그리스도의 종'이라 고백했다. 바울에게 종의 삶은 굴욕이 아니라 특권이었다. 그는 평생 예수님의 종으로 사는 것을 가장 큰 영광으로 여겼다.

로마의 백성들이 "나는 황제의 종이다"라고 자랑스럽게 외칠 때 바울은 세상에서 가장 천하고, 박해받는 이름이었던 예수의 이름을 붙잡고 이렇게 고백했다. "나는 예수 그리스도의 종이다." 우리 역시 예수 그리스도의 종이다. 세상 어떤 신분보다 만왕의 왕이신 예수님의 종으로 평생 사는 것이 가장 큰 특권이자 영광이다. 그분께 충성하고, 복종하고, 항복하라.

### 세상에 항복하지 말고, 하나님께 항복하라

아르헨티나에 한 교포 청년이 있었다. 그는 돈을 많이 버는 사업가가 되는 꿈을 꾸며 살았다. 그의 기도 제목은 단 하나였다. "하나님, 저를 목사가 아니라 장로가 되게 해주세요." 그러던 어느 날, 19살이던 그는 고속도로를 달리다 갑자기 뛰어든 한 청년을 차로 치는 사고를 냈다. 그는 청년을 살려달라고 하나님께 애원했지만 청년은 끝내 숨을 거두었다.

그 사건은 그의 삶을 송두리째 바꾸어놓았다. 그는 오랫동안 깊은 절망 속에서 울부짖었다. 그리고 마침내 하나님 앞에 무릎을 꿇었다. "주님, 제가 주의 종으로 살겠습니다." 그 후 그는 아르헨티나를 떠나 미국으로 건너가 무역업으로 큰돈을 벌며 23살의 젊은 나이에 성공을 이루었다. 그러나 그 성공은 다시 그의 마음에 교만을 키웠다. 그는 약속을 바꿨다. "목사가 아니라 평신도 선교사로만 섬기겠습니다."

하지만 그 후 백혈병과 혈액암, 척수 악성 종양이라는 세 가지 병이 한꺼번에 찾아오며 그는 시련을 겪었다. 의사는 생존 확률이 5퍼센트도 되지 않는다며 시한부 판정을 내렸다. 온 가족이 병실에 모여 마지막 임종 예배를 드리기까지 했다.

그날 밤, 그는 눈물로 하나님께 기도했다. "주님, 자격이 없지만 살려만 주신다면 평생 주의 종으로 살겠습니다." 그 순간부터 그의 활력 징후가 서서히 안정되기 시작했다. 골수이식 수술 없이 3일 만에 퇴원했고 의사는 "이건 하나님의 기적입니다"라며 놀라움을 감추지 못했다. 그의 사례는 미국 혈액학회 학술대회에서 공식적으로 발표되었다. 그는 지금 그 서원대로 주의 종으로 살아가고 있다. 그의 인생은 항복의 은혜가 어떻게 한 사람의 운명을 바꾸는가를 증언한다.

꼭 목사나 선교사가 될 필요는 없다. 하지만 세상에 항복하지 말고, 하나님께 항복하라. 예수님을 섬기고, 그 사랑을 나누는 사람으로 살라. 그것이 하나님께 항복하는 자가 누리는 은혜이다. 그 은혜가 여러분의 삶에도 넘치기를 바란다.

# PART. 3
# 놀라운 은혜

**놀라운 은혜 1**

# 자족이 은혜

눅 12:13-21

질문 하나 해보자. 10명의 자녀를 둔 사람과 100억 원을 가진 사람 중 누가 더 부자일까? (사람마다 답이 다를 수 있다.) 그럼 다시 묻자. 10명의 자녀를 둔 사람과 100억 원을 가진 사람 중 누가 더 만족할까? (이 역시 답이 다를 수 있다.) 그래도 대부분은 10명의 자녀를 둔 사람이 더 만족할 것으로 생각한다. 10명의 자녀를 가진 사람은 더 이상 자녀를 바라지 않을 가능성이 크지만, 100억 원을 가진 사람은 여전히 '조금만 더'를 원할 가능성이 크기 때문이다.

 세상의 기준으로 보면 만족한다고 해서 모두 부자는 아니다. 또한 부자라고 해서 모두 만족하는 것도 아니다.

"돈을 사랑함이 일만 악의 뿌리가 되나니…"(딤전 6:10). 하나님의 자녀인 우리는 모두 이 말씀에 동의한다. 우리도 돈을 사랑하길 원하지 않는다. 물질에 매인 삶을 살고 싶지도 않다. 다만 우리는 지금보다 '조금만 더 많이' 돈을 원한다. '조금만 더 많으면' 더 행복해질 것 같고, 인생이 나아질 것 같다.

하지만 이 과정은 마치 밑 빠진 독에 물 붓기와 같다. 분명 예전보다 '더 많이' 가졌는데도 왜 여전히 만족이 없을까? 앞으로 얼마만큼을 더 가져야 만족하고 행복하다고 말할 수 있을까? 감사하게도 우리는 그 답을 안다. 행복의 비결은 '더 많이'가 아니라 '자족'이다. 자족할 때 비로소 마음이 평안하고, 그제야 행복이 찾아온다. 그러므로 자족이야말로 은혜다.

## 하나님 안에서 이미 충분하다

그렇다면 자족이란 무엇일까? 자족은 자기만 챙기는 이기심이 아니다. 아무런 노력도 하지 않는 게으름도 아니다. 현실에 맞춰 기준을 낮추는 자기 위로나, 나보다 형편이 어려운 사람을 보며 "그래도 너보단 낫지"라고 위안 삼는 자기 중심적인 비교의식도 아니다. "나는 더 이상 바랄 게 없다"라며 스스로를 포장하는 배부른 자만심도 아니다.

세상의 자족과 성경이 말하는 자족은 다르다. 세상이 말하는 자족은 '스스로 만족하는 상태'이다. 그러나 성경의 자족은 반드시 '하나님 안에서'라는 전제가 붙는다. 자족의 중심에는 하나님이 계신다.

사도 바울은 하나님께 자신을 괴롭히던 '육체의 가시'를 없애달라고 간절히 기도했다. 그러나 하나님은 이렇게 말씀하셨다. "내 은혜가 네게 족하다." 즉 하나님 안에서 이미 충분하다는 뜻이다. 가시를 가진 채로 살아도, 원하는 것을 얻지 못해도, 자녀가 뜻대로 되지 않아도, 환경이 힘들고 고단해도, 은행 잔고가 바닥나도, 건강에 이상이 생겨도, 심지어 옳은 일을 하다가 오해를 받아도, 하나님의 은혜가 있기에 족하다. 이것이 바로 하나님 자녀의 자족이다.

우리는 어떠한가? 오늘, 지금 이 순간 자족하며 살고 있는가? 만약 자족하지 못한다면 그 이유는 무엇일까?

**첫째, 탐욕 때문이다**

선지자 엘리사는 아람의 장군 나아만의 나병이라는 불치병을 고쳐주었다. 하지만 그는 나아만이 고마움의 표시로 내민 선물을 단호히 거절했다. 그가 병을 고쳐준 이유는 보상을 받기 위함이 아니라 이스라엘의 하나님 여호와만이 참된 하나님이심을 드러내기 위해서였다.

그런데 그 장면을 지켜보던 엘리사의 종 게하시의 마음이 흔들렸다. 그는 이렇게 다짐했다. "여호와께서 살아계심을 두고 맹세하노니 내가 그를 쫓아가서 무엇이든지 그에게서 받으리라"(왕하 5:20).

게하시는 엘리사가 마음을 바꾸었다고 거짓말을 하고, 나아만에게서 선물을 받아 일부를 자기 몫으로 챙겼다. 그는 심지어 하나님의 이름까지 들먹이며 자신의 탐욕을 합리화했다. 이 사실을 안 엘리사는 그를 엄중히 꾸짖었고 결국 게하시는 나아만의 병이었던 나병에 걸리고 말았다.

게하시가 왜 이런 죄를 저질렀는가? 탐욕 때문이다. 탐욕은 단순히 돈의 문제가 아니라 마음의 병이다. 단테는 이렇게 말했다. "탐욕은 굶주린 늑대와 같아서 사람과 행복을 갈기갈기 찢어놓고, 사회의 질서를 무너뜨리는 인간 최대의 적이다." 그렇다. 아무리 먹고 또 먹어도 배부름을 모르는 늑대처럼 탐욕에 사로잡힌 인간은 결코 만족할 줄 모른다.

**둘째, 비교의식이다**

이스라엘 여인들이 블레셋의 장수 골리앗을 쓰러뜨리고 돌아오는 소년 다윗을 보고 외쳤다. "사울이 죽인 자는 천천이요 다윗은 만만이로다." 이 말이 사울왕의 마음을 흔들었다. 그는 몹시 불쾌했고 분노했다. 전쟁에서 나라를 구한 다윗을 보고도 기뻐하지 않았다. 성경은 "그날 후로 사울이 다윗을 주목하였더라"(삼상 18:9)라고 기록한다. '주목하였다'는 말은 단순히 눈여겨봤다는 뜻이 아니라 질투의 눈으로 바라봤다는 의미다. 사울은 더 이상 다윗을 충성스러운 부하로 보지 않았다. 그는 질투에 사로잡혀 다윗을 왕위를 노리는 경쟁자, 심지어 제거해야 할 위협으로 보기 시작했다.

비교는 이렇게 마음을 병들게 한다. C. S. 루이스는 말했다. "악마가 우리 인간을 파괴하기 위하여 사용하는 가장 큰 무기는 바로 비교의식이다." 그렇다. 비교의식은 결국 열등감을 낳는다. 그리고 열등감이 자리한 마음에는 결코 만족도, 자족도 피어나지 않는다. 그 마음의 흙은 이미 비교와 불안으로 메말라 있기 때문이다.

**셋째, 자족을 배우지 못해서이다**

성경적인 자족은 저절로 생기는 마음 상태가 아니다. 타고난 성품도 아니고, 돈으로 살 수도 없다. 자족은 배워서 익히는 것이다. 사도 바울은 이렇게 고백했다. "어떠한 형편에든지 나는 자족하기를 배웠노니"(빌 4:11). 여기서 '배웠다'는 말은 현재완료형이다. 즉 과거에 배운 자족을 지금도 계속 실천하고 있다는 뜻이다. 그는 펜트하우스에서, 넉넉한 형편 속에서 자족을 배운 것이 아니다. 감옥 속에서, 가장 고단하고 외로운 자리에서 자족을 배웠다.

아프리카 원주민들이 원숭이를 사냥하는 방법을 들어본 적이 있는가? 그들은 원숭이가 자주 다니는 길목에, 손이 간신히 들어갈 만큼 좁은 입구의 항아리를 놓는다. 그 안에는 원숭이가 좋아하는 나무 열매를 가득 넣어둔다. 원숭이는 유혹을 이기지 못하고 손을 넣어 열매를 움켜쥔다. 하지만 손에 가득 쥔 채로는 항아리에서 빠져나올 수가 없다. 손을 펴면 빠질 수 있지만 탐욕 때문에 열매를 놓지 못하고 끽끽대며 발버둥치다가 결국 사람에게 붙잡히고 만다.

사람도 이 원숭이와 다르지 않다. 우리는 끊임없이 무언가를 움켜쥐려는 본능 속에서 산다. 더 많은 재산, 더 좋은 자리, 더 큰 인정을 붙잡으려 애쓴다. 그러나 움켜쥘수록 손은 더 조이고, 마음은 더 불편해진다. 결국 우리는 우리가 쥔 것들의 노예가 되고 만다. 모든 것을 쥐려는 사람은 끝내 아무것도 만족하지 못한다. 인생이 불평으로 가득 차고 행복이 멀어진다. 진정한 자유는 더 많이 쥐는 데서 오는 것이 아니라 필요 없는 것을 내려놓을 때 시작된다.

정말 행복해지고 싶은가? 그렇다면 자족을 배워라. 자족을 배우면 비로소 마음이 자유로워지고, 그 속에서 하나님의 은혜를 경험하게 된다.

## 부유함보다 부요함을 구하라

그렇다면 어떻게 자족을 배울 수 있는가?

**첫째, 있는 바를 족한 줄 알라**

"돈을 사랑하지 말고 있는 바를 족한 줄로 알라 그가 친히 말씀하시기를 내가 결코 너희를 버리지 아니하고 너희를 떠나지 아니하리라"(히 13:5).

'있는 바를 족한 줄로 알라'는 말씀은 주께서 내게 주신 물질과 형편에 만족하라는 뜻이다. 남과 비교하면 언제나 남의 떡이 더 커 보인다. 남이 가진 것을 나도 갖고 싶고, 이미 가졌어도 더 많이 가지려 한다. 그래서 사람들은 짝퉁 가방, 짝퉁 시계라도 가져야 마음이 채워진다고 느낀다. 결국 '가짜'가 존재하는 이유는 불만족을 채우려는 사람의 욕망 때문이다.

사람의 마음은 무언가로 채워져야만 만족한다. 그렇다면 무엇으로 채워야 하는가? 예수님으로 채워야 한다. 예수님은 약속하셨다. "내가 결코 너희를 버리지 아니하고 너희를 떠나지 아니하리라." 이 말씀을 마음에 새기라. 주님이 언제나 나와 함께하심을 믿고, 주님 한 분으로 만족할 때 비로소 어떤 환경에서도 있는 바를 족한 줄 알고 감사할 수 있다. 예수님으로 채워진 마음은 더 이상 부족함을 모른다.

**둘째, 부유함과 부요함을 구분하라**

"자기를 위하여 재물을 쌓아두고 하나님께 대하여 부요하지 못한 자가 이와 같으니라"(눅 12:21).

어리석은 부자는 자신의 창고를 가득 채우는 일에만 몰두했다. 세상 기준으로 보면 그는 부유했지만 하나님 앞에서는 부요하지 못했다. 그의 풍요 속에는 하나님이 계시지 않았다. '부유함'과 '부요함'은 모두 넉넉함을 뜻하지만 성경은 이 두 단어를 확실히 구분해 사용한다.

박진석 목사는 《받은 복을 세어 보아라》에서 이렇게 구분한다.

부유함being wealthy은 '재정의 문제'이고
부요함being rich은 '관계의 문제'이다.

부유한 사람은 '사고파는 것'을 잘하지만
부요한 사람은 '주고받는 것'을 잘한다.

부유한 사람은 '돈으로 살 수 있는 것'을 가진 사람이지만
부요한 사람은 '돈으로 살 수 없는 것'을 가진 사람이다.

부유한 사람은 '그가 가진 것'what he has으로 규정되지만
부요한 사람은 '그가 누구인지'who he is로 규정된다.

부유한 사람은 '은행에 가진 것'이 많지만
부요한 사람은 '마음에 가진 것'이 많다.

부유함은 '물질'material을 가진 것이지만
부요함은 '이름'name을 가진 것이다.

우리의 삶의 목적은 세상에서 부유해지는 것이 아니라, 하나님께 대하여 부요해지는 것이다. 부유한 사람은 재산이 많지만, 하나님 안에서 부요하지 못하면 그의 마음은 불안과 탐욕, 비교의식으로 가득 차 있다. 진정한 만족이 없다. 그러나 부요한 사람은 세상적으로 부유하지 않아도 하나님이 곧 복임을 알기에 하나님 안에서 자족한다.

사도 바울이 자족의 비결을 "주 안에서", "내게 능력 주시는 자 안에서"라고 한 이유가 여기에 있다. 그의 자족의 비결은 소유가 아니라 관계, 곧 예수님과의 관계였다. 자족은 '무엇을 가지느냐'의 문제가 아니라 '누구와 연결되느냐'의 문제다. 우리가 하나님 안에서 부요한 사람이 될 때 비로소 자족할 수 있고, 진정으로 행복해진다.

### 셋째, 일시적인 것과 영원한 것을 구분하라

누가복음의 부자는 농사로 큰 수확을 거두었다. 곡식을 쌓아둘 새 창고를 짓고, 이제 평생 먹고 마시며 즐기면 된다고 생각했다. 그러나 하나님은 그를 향해 "어리석은 자여"라고 말씀하셨다. 그가 남의 것을 빼앗은 것도 아니었다. 자기 밭을 일구어 얻은 결실이었다. 미래를 대비해 곡식을 저장한 것도 지혜로운 선택처럼 보인다.

그런데 왜 하나님은 그를 책망하셨을까? "그들에게 이르시되 삼가 모든 탐심을 물리치라 사람의 생명이 그 소유의 넉넉한 데 있지 아니하니라"(눅 12:15). 그의 문제는 탐심이었다. 그는 인생의 목적이 먹고 마시고 즐기는 것이라고 착각했다. 오직 세상에서의 풍요만을 위해 살았다.

그러나 예수님은 말씀하셨다. "목숨이 음식보다 중하고 몸이 의복보다 중하니라"(12:23). 부자의 창고는 그의 부를 상징했지만 그것은 불이나 홍수 앞에서 한순간에 사라질 수 있는 일시적인 것이었다. 그의 생명은 하나님의 손안에 있었고, 그의 영혼을 지켜줄 수 있는 것은 오직 하나님뿐이었다.

부자가 어리석었던 이유는 부유했기 때문이 아니라 일시적인 것과 영원한 것을 구분하지 못했기 때문이다. "오늘 밤에 네 영혼을 도로 찾으리니"(12:20) 하신 말씀처럼 그는 자신의 생명과 시간조차 하나님의 것임을 잊었다.

오늘 우리는 무엇을 붙잡고 사는가? "은행 계좌, 은퇴 연금, 대학 성적, SAT 점수, 졸업장, 자격증, 옷장 속 옷들, 차고의 자동차, 대통령 표창장." 이 모든 것은 일시적이다. "가족을 사랑하는 것, 나와 맞지 않는 사람을 품는 것, 하나님 나라를 위해 물질로 헌신하는 것, 예수의 이름으로 섬기고 나누는 것." 이것은 영원히 남는 일이다.

　예수님은 "무엇을 먹을까, 무엇을 마실까" 염려하지 말라고 하셨다. 하나님이 우리의 모든 필요를 아시기 때문이다. 그러므로 "먼저 하나님의 나라를 구하라"고 말씀하신다. 하나님은 그 나라를 우리에게 주시기를 기뻐하신다. 하늘에 보물을 쌓는 삶, 그것이 영원한 삶이다. 영원한 것에 초점을 맞출 때, 세상의 일시적인 것들이 부족해도 불안하지 않다. 그 마음에는 자족이 있고, 자족 속에는 감사가 있다.

## 자족은 하나님 나라의 풍요를 여는 열쇠

자족하는 사람이 누리는 하나님의 은혜는 무엇인가?

### 1. 자족하는 사람은 어떤 상황에서도 감사한다

　사도 바울은 모든 일에 감사했다. 환경이 아니라 그리스도께 초점을 맞췄기 때문이다. 돈이 인생의 중심이면 돈이 있을 때만 감사하고, 사업이 초점이면 사업이 잘될 때만 감사하며,

사역의 열매가 목표면 열매가 있을 때만 감사할 것이다. 그러나 인생의 초점이 그리스도라면, 어떤 환경에서도 자족하며 감사할 수 있다.

### 2. 자족하는 사람은 어떤 상황에서도 다시 일어선다

바울은 가난과 부유, 배부름과 배고픔, 넉넉함과 궁핍함 속에서도 흔들리지 않았다. 그는 이렇게 고백한다. "가난을 이겨낼 줄도 알고 부유를 누릴 줄도 압니다. 배가 부르거나 고프거나, 넉넉하거나 궁핍하거나 어떤 경우에도 만족하는 법을 몸에 익혔습니다"(빌 4:12, 현대어성경). 자족은 어떤 상황에서도 다시 일어설 수 있는 힘이다.

### 3. 자족하는 사람은 어떤 상황에서도 예수님의 능력으로 산다

"내게 능력 주시는 자 안에서 내가 모든 것을 할 수 있느니라"(빌 4:13). 이 말씀은 '마음만 먹으면 무엇이든 할 수 있다'는 자기계발식 긍정문이 아니다. 바울은 오히려 "자기 능력으로는 아무것도 할 수 없다"는 고백을 담고 있다. 그는 주님이 원하시는 일을 주님의 능력으로만 감당할 수 있다고 말한다.

### 4. 자족하는 사람은 어떤 상황에서도 예수님 안에서 만족한다

사람은 물질, 지식, 명예, 사랑, 성공 등으로 자기 마음을 채우려 늘 애쓴다. 그러나 예수님 외의 어떤 것도 온전하고 영원한 만족을 줄 수 없다. 내게 모든 것이 있어도 예수님이 없으면 만족이 없고, 다른 것이 부족해도 예수님 안에 있으면 충분하다. "이는 만물이 주에게서 나오고 주로 말미암고 주에게로 돌아감이라 그에게 영광이 세세에 있을지어다 아멘"(롬 11:36).

예수님은 만물의 주이시며, 모든 것을 다스리시는 분이다. 그 예수님이 나를 사랑하시고, 나와 함께하시며, 나를 영원한 나라로 인도하신다. 그분 때문에 나는 만족할 수 있다. 이것이 자족의 은혜다.

아직도 '더 많이, 더 크게'를 외치며 살고 있는가? "내가 벤츠 G바겐을 사면, 임원으로 승진하면, 멋진 집에서 가족과 살면, 대출이 끝나면, 집을 새로 사면, 은퇴 후 돈 걱정 없이 살면 행복할 것이다." 그러나 '더 많이'는 행복의 열쇠가 아니다. '더 많이'가 욕망으로 변하는 순간, 만족은 사라지고 염려와 불안이 들어온다. 관계가 무너지고, 인생은 불행해진다.

한 아버지가 이런 고백을 남겼다. "무엇보다도 바비 인형이나 테디베어를 사주는 것이 너에 대한 사랑인 줄 알았고 네가 바라는 것이 피아노이거나 좋은 승용차를 타고 사립학교에 다니는 것인 줄로만 여겼다. 하찮은 굿나잇 키스보다는 그런 것들을 너에게 주는 것이 아빠의 능력이요 행복이라고 믿었다.

(중략) 딱 한 번이라도 좋다. 낡은 비디오테이프를 되감듯이 그 때의 옛날로 돌아가자. 나는 그때처럼 글을 쓸 것이고 너는 엄마가 사준 레이스 달린 하얀 잠옷을 입거라. (중략) 나는 글 쓰던 펜을 내려놓고, 읽다 만 책장을 덮고, 두 팔을 활짝 편다. 너는 달려와 내 가슴에 안긴다. 내 키만큼 천장에 다다를 만큼 널 높이 치켜올리고 졸음이 온 너의 눈, 상기된 너의 뺨 위에 굿나잇 키스를 하는 거다"(이어령,《딸에게 보내는 굿나잇 키스》).

한국의 대표적인 지성, 고(故) 이어령 전 문화부 장관의 고백이다. 암투병 중 세상을 떠난 딸을 그리며 그는 뒤늦게 깨달았다. 딸이 원했던 것은 물질이나 성공이 아니라 그저 따뜻한 가정, 아버지의 품이었다는 것을. 딸의 굿나잇 키스를 차갑게 외면하던 그가, 이제는 "딸과 굿나잇 키스 한 번이면 족하다"라고 고백하고 있다.

삶에서 진짜 소중한 것이 무엇인지 알고 있는가? 더 늦기 전에 자족을 배우는 것이다. 있는 바를 족한 줄 알고, 하나님 안에서 부요함을 누리며 영원한 것에 시선을 두는 삶이다. 그리하면 어떤 상황에서도 감사하는 은혜, 다시 일어서는 은혜, 예수의 능력으로 사는 은혜, 하나님 한 분만으로 만족하는 은혜가 당신의 삶에도 충만히 임할 것이다.

## 놀라운 은혜 2
# 부족함이 은혜
요 2:1-5

두 사람이 달리기 시합을 한다. 한 사람은 최첨단 인체공학 기술로 제작된 한정판 나이키Nike 운동화를 신고, 다른 사람은 그 짝퉁인 나이스Nice 신발을 신었다. 둘의 실력이 비슷하다면 누가 이길까? 보통은 나이키를 신은 사람이 이길 것이라 생각한다. 그런데 실제로는 나이스를 신은 사람이 이긴다는 농담이 있다. 이유는 간단하다. 비싼 한정판 나이키를 신은 사람은 사람들에게 상표와 디자인을 과시하듯 여유 있게 뛰는 반면 나이스를 신은 사람은 사람들이 상표를 읽지 못하도록 죽을힘을 다해 전속력으로 뛰기 때문이다. 결국 부족함이 오히려 장점이 되어 승리하게 된다는 이야기다.

## 하나님은 완벽한 사람보다
## 깨진 사람을 쓰신다

인간은 누구나 겉으로는 멀쩡해 보이지만 속을 들여다보면 어딘가 부족한 데가 있기 마련이다. 그 부족함 때문에 갈급하고, 그 결핍을 채우려 애쓰며 인생을 소비한다. 그렇다면 그리스도인은 어떠한가? 성경은 우리를 '질그릇'에 비유한다. 질그릇은 진흙으로 빚어 구운 값싼 그릇이다. 광택이 없고 작은 충격에도 쉽게 깨진다. 금그릇이나 은그릇에 비하면 초라하다. 심지어 일상의 작은 마찰에도 버티지 못할 만큼 연약하다. 이 질그릇은 우리의 실력, 경험, 지식, 지혜, 시간, 인격, 사랑의 부족함을 상징한다. 아무리 믿음이 깊은 사람이라도 여전히 질그릇이다. 성경 지식도, 기도도, 섬김과 희생, 믿음과 순종도 늘 부족하다.

그러나 하나님은 반전의 하나님이시다. 그분은 금그릇처럼 완전하고 빛나는 사람을 택하지 않으신다. 오히려 깨지기 쉽고 평범한 질그릇 같은 사람을 택하신다. 그 질그릇 안에 보배이신 예수 그리스도를 담으신다. "하나님께서 세상의 미련한 것들을 택하사 지혜 있는 자들을 부끄럽게 하려 하시고 세상의 약한 것들을 택하사 강한 것들을 부끄럽게 하려 하시며 하나님께서 세상의 천한 것들과 멸시받는 것들과 없는 것들을 택하사 있는 것들을 폐하려 하시나니 이는 아무 육체도 하나님 앞에서 자랑하지 못하게 하려 하심이라"(고전 1:27-29).

'부족함'은 분명 결핍이다. 필요한 것이 채워지지 않은 상태이고, 약점처럼 느껴진다. 그러나 하나님은 그 부족함을 통해 역사하신다. 고난을 통해 은혜를 주시는 것처럼 부족함을 통해서도 은혜를 주신다. 우리의 부족함이 하나님의 은혜가 되는 이유는 그 속에서 오직 하나님만이 일하시기 때문이다. 고난을 통해서도 은혜가 임하듯 그리스도인의 삶에는 '부족함을 통해서만' 주어지는 은혜가 있다. 그것이 무엇일까?

**첫째, 부족함을 통해 자신의 연약함을 깨닫는 은혜이다**

가나에서 혼인잔치가 열렸다. 당시 유대인의 결혼 피로연은 일주일 동안 계속되었고, 연회장은 잔치에 필요한 음식과 포도주를 충분히 준비해야 했다. 특히 포도주는 결혼의 기쁨과 축복을 상징하는 잔치의 핵심이었다.

그런데 문제가 생겼다. "포도주가 떨어진지라 예수의 어머니가 예수에게 이르되 저들에게 포도주가 없다 하니"(요 2:3). 잔치라면 마땅히 "포도주가 넉넉하다"는 말이 흘러나와야 할 순간에, 들려온 것은 "포도주가 없다"는 절망의 소식이었다. 이유는 정확히 알 수 없었다. 예상보다 하객이 많이 왔거나 하객들이 포도주를 과하게 마셨거나 혹은 잔치를 준비한 이들의 부주의 때문일 수도 있다. 하지만 분명한 것은 포도주가 떨어졌다는 사실이다.

그 순간 오랜 시간 정성을 다해 준비한 연회장의 노력이 한순간에 무너져 내렸다. 포도주가 떨어졌다는 것은 단순한 실수가 아니라 큰 결례였다. 신랑의 가문과 연회장은 하객들 앞에서 망신을 당할 위기에 처했다. 잔치 분위기는 곧장 얼어붙었고 기쁨의 자리가 순식간에 수치와 슬픔의 자리로 변했다.

그러나 바로 그 '부족함'의 순간에 하나님이 일하신다. 인간의 준비와 능력이 멈춘 자리에서 하나님의 은혜가 시작된다. 부족함은 끝이 아니라 하나님의 역사가 시작되는 지점이다.

내가 신학교를 졸업할 때 나보다 세 살 많은 한 후배 신학생이 졸업선물로 패 하나를 건넸다. 그 패에는 이런 말씀이 새겨져 있었다. "사람이 마음으로 자기의 길을 계획할지라도 그의 걸음을 인도하시는 이는 여호와시니라"(잠 16:9). 처음엔 이렇게 생각했다. '감사패나 공로패도 아니고… 누가 졸업선물로 이런 걸 주나? 패는 윗사람이 아랫사람에게 주는 거 아닌가? 그럼 2년 뒤에 졸업할 후배가 윗사람이고, 지금 졸업하는 내가 아랫사람이라는 뜻인가?' 그때의 나는 참으로 교만했다.

그러나 시간이 지나면서 그 패에 새겨진 말씀이 내 마음 깊이 새겨졌다. 하나님께서 내게 생각할 '지성'을 주셨고, 그 지성으로 나는 '자기의 길'을 계획할 수는 있다. 하지만 동시에 내 계획이 언제나 부족함을 인정해야 한다. 결국 내 걸음을 인도하시는 분은 여호와 하나님이시기 때문이다.

부족함을 통해 자신의 연약함을 깨닫는 자만이 하나님의 인도하심을 경험한다. 가나의 혼인잔치에서 포도주가 떨어졌듯 우리의 인생 또한 언제나 5퍼센트, 10퍼센트, 때로는 99퍼센트의 부족함 속에 있다. 그 부족함을 스스로 채울 능력도, 지혜도 없기에 우리는 하나님의 돕는 손길을 구한다. 그 자체가 바로 하나님의 은혜다.

## 포도주가 떨어진 자리, 은혜가 시작된 자리

예수님의 제자 베드로를 보라. 그는 갈릴리 바다를 누구보다 잘 아는 어부였다. 경험도 많고, 실력도 있었다. 하지만 그가 자기 계획대로 밤새도록 그물을 던졌을 때 결과는 "수고하였으되 잡은 것이 없"었다. 그때 그는 자신의 연약함을 깨달았다. 그리고 예수님의 말씀에 순종했을 때 그물 가득 물고기가 잡히는 은혜의 기적을 경험했다.

낚싯바늘에 걸린 물고기가 이렇게 한탄한다는 말이 있다. "입을 꽉 다물었더라면 지금 이 꼴은 안 되었을 텐데!" 물고기는 이미 다른 물고기들이 잡혀 나가는 것을 보면서도 왜 계속 미끼를 무는가? 어리석어서가 아니라 욕심을 이기지 못하기 때문이다. 인간도 다르지 않다. 해야 할 일을 알면서도 미루고, 하지 말아야 할 일을 알면서도 반복한다. 역시 몰라서가 아니라 오히려 너무 똑똑해서 자기 뜻대로 살려 하기 때문이다.

너무 똑똑해서 결혼생활이 힘들다. 배우자의 부족함은 금세 지적하면서 자신의 부족함은 보지 못한다. 너무 똑똑해서 교회생활이 힘들다. 다른 사람의 약점과 실수만 보이고 모든 것이 마음에 들지 않는다. "하나님의 말씀에는…"보다 "내 생각에는…"이 앞서는 사람이 많으면 교회는 병든다.

자신의 부족함 그리고 환경과 상황의 부족함을 통해 자신의 연약함을 깨닫는가? 세상에는 완벽주의자는 있어도 완벽한 사람은 없다. 그러나 베드로처럼 부족함을 인정하고, 그 연약함 속에서 하나님을 신뢰하는 사람에게 주의 은혜가 임한다. 그리고 그 사람은 베드로처럼 하나님께 쓰임받는다.

**둘째, 부족함을 통해 하나님의 기적을 경험하는 은혜이다**

물이 포도주로 변한 기적은 언제 일어났는가? 잔치가 시작할 때? 잔치가 무르익었을 때? 아니면 잔치의 끝부분에서? 아니다. 기적은 포도주가 '떨어졌을 때' 일어났다. 만일 포도주가 떨어지지 않았다면 기적은 없었을 것이다. 부족함이 없었다면 연회장과 하인들은 물이 포도주로 바뀌는 하나님의 역사를 경험하지 못했을 것이다. 제자들도 예수님이 누구신지 깨닫지 못했을 것이다. 부족함이 있을 때 기적이 일어난다.

오병이어의 기적도 마찬가지다. 남자만 오천 명이 예수님의 말씀을 들으러 몰려왔다. 날이 어두워지고 모두 배가 고팠지만 근처에는 음식을 구할 곳이 없었다. 가진 것은 물고기 두 마리와 보리떡 다섯 개뿐이었다. 그런데 예수님은 그 작은 것을 통해 오천 명을 먹이셨다. 부족함이 클수록 더 큰 기적이 일어난다. 만약 먹을 것이 넉넉했다면 주님께서 그 놀라운 기적을 베푸실 이유가 없었을 것이다.

엘리야 선지자가 사르밧 과부를 만났을 때도 그랬다. 그녀에게 남은 것은 한 움큼의 밀가루와 몇 방울의 기름뿐이었다. 그녀는 그것으로 마지막 음식을 만들어 아들과 함께 먹고 죽으려 했다. 그러나 하나님은 바로 그 절망적인 부족함 속에서 기적을 베푸셨다. 그녀의 기름병과 밀가루 통은 마르지 않았다. 죽음의 자리가 생명의 자리로 바뀌었다. 만약 그녀에게 기름과 밀가루가 넘쳐났다면 하나님의 기적은 일어나지 않았을 것이다.

이스라엘 백성이 40년 동안 광야에서 생활할 때도 마찬가지였다. 광야에는 물이 없고, 비가 없고, 양식이 없고, 집도 없었다. '없다'가 일상인 곳이었다. 하지만 바로 그 '없음'의 자리에서 하나님은 가장 놀라운 기적들을 베푸셨다. 매일 아침 만나를 내리시고, 구름기둥과 불기둥으로 보호하시며, 반석에서 물을 터뜨리셨다. 쓴물을 단물로 바꾸셨다. 이 모든 기적은 부족함만 있는 광야에서만 경험할 수 있었다. 그 은혜 덕분에 이스라엘 백성은 광야의 고난 속에서도 낙심하지 않고 약속의 땅을 향해 다시 일어설 수 있었다.

성경에 기록된 대부분의 기적은 결핍에서 비롯되었다. 부족함이 문제의 시작이 아니라 기적의 출발점이었다. 하나님은 순종하는 사람, 사명을 붙들고 살아가는 사람의 부족함을 채우신다. 때로는 기적을 통해 채우신다. 반대로 풍족할 때는 기적이 필요 없기에 하나님의 특별한 은혜를 경험하지 못한다.

## 결핍의 크기만큼 은혜가 깊어진다

대한민국 '장애인 박사 1호'로 알려진 강영우 박사는 어느 날 가슴 아픈 일을 겪는다. 그의 초등학생 아들이 일기장에 이렇게 쓴 것이다. "우리 아빠는 앞을 보지 못하는 시각장애인이다. 그래서 나랑 자전거도 함께 타지 못하고, 공 던지기도 못한다. 나는 우리 아빠와 함께 할 수 있는 것이 아무것도 없다." 아들의 일기를 본 강 박사는 충격을 받았다.

그날 밤, 그는 침대에서 아들 옆에 누워 말했다.

"진석아, 아빠가 신기한 거 보여줄까?"

"뭔데요?"

"아빠는 불 꺼진 깜깜한 데서도 책을 읽을 수 있어."

그는 불이 꺼진 방에서 점자 동화책을 읽어주었다. 아들은 놀라며 이것을 친구들에게 자랑했다.

"너희 아빠는 불 끄면 책 못 읽지? 우리 아빠는 불 꺼진 방에서도 책을 읽어. 한 글자도 안 틀려."

훗날 이 아들은 대학 입학 에세이로 〈어둠 속에서 들려주는 동화 이야기〉를 썼고, 그 글은 입학사정관의 마음을 움직여 하버드대학교에 합격했다.

시력을 잃은 강 박사는 평생 눈을 뜨는 기적은 경험하지 못했지만 그의 부족함을 통해 하나님의 기적을 평생 경험했다. 미국 유학길이 막혀 있던 시절에 유학을 떠났고 시각장애인이자 동양인으로 백악관 장애인위원회 위원(차관보급)에 올랐다. 그의 부족함이 오히려 하나님의 능력을 드러내는 통로가 되었다.

유고집 《내 눈에는 희망만 보인다》에서 그는 이렇게 고백했다. "내가 그때 눈을 떴다면, 지금 내가 이룬 것의 십분의 일도 하지 못했을 것이다. 하나님은 나의 눈을 가져가신 대신, 너무나 많은 것을 주셨다. 하나님은 나의 실명을 통해 내 삶뿐 아니라 세상을 바꾸셨다."

당신에게는 어떤 부족함이 있는가? 주님께 나오라. 주님께 기도하라. 주님께 순종하라. 그리고 미리 감사하라. 주님은 우리의 부족함을 외면하지 않으신다. 그분은 우리의 부족함을 채우시고, 인도하시며, 보호하시고, 기적으로 응답하신다. 그것이 바로 부족함 속에서 경험하는 하나님의 은혜이다.

**셋째, 부족함을 통해 하나님 한 분만으로 만족하는 은혜이다**

요한복음의 저자 사도 요한은 가나 혼인잔치의 포도주 사건을 '기적'이 아니라 '표적'sign이라 불렀다. '표적'은 단순히 놀라운 사건이 아니라 예수님이 누구이신지를 드러내는 표시와 같다. "예수께서 이 첫 표적을 갈릴리 가나에서 행하여 그의 영광을 나타내시매 제자들이 그를 믿으니라"(요 2:11). 신랑과 신부, 양가 가족, 하객, 연회장은 모두 최상의 포도주를 주목했다. 그러나 제자들은 예수님을 주목했다. 물이 포도주로 변한 사건이 주는 기쁨과 만족은 일시적이다. 하지만 물을 포도주로 바꾸신 예수님이 주시는 기쁨과 만족은 영원하다.

그렇다면 여러분은 부족함을 느낄 때 무엇으로 만족하는가? 물이 포도주로 변하는 기적인가? 텅 빈 기름통과 밀가루통이 가득 채워지는 기적인가? 병이 나아지는 기적인가? 무엇이 채워져야 만족하는가? 설령 우리의 필요가 채워지지 않아도 하나님 한 분만으로 만족할 수 있는가?

부족함이 주는 최고의 충만은 하나님이시다. 부족함이 주는 최고의 축복은 하나님을 바라보게 하는 것이다. 세상의 그 어떤 것으로도 나의 결핍을 채울 수 없음을 깨닫는 순간, 우리는 비로소 하나님이 나의 전부이심을 고백하게 된다. 그것이 진정한 충만이자 최고의 축복이다.

여러분의 고백은 찬양 가사처럼 "주님 한 분만으로 나는 만족해"인가? 아니면 "주님만으로는 나는 부족해"인가? "여호와는 나의 목자시니 내게 부족함이 없으리로다"(시 23:1). 혹시 이 말씀을 이렇게 읽고 있지 않은가? "여호와는 나의 목자시니 내게 부족함이 없게 해주세요."

주님은 분명 우리의 부족함을 채우시는 분이시다. 그분은 우리를 푸른 초장과 쉴만한 물가로 인도하시며 우리의 피로를 채우시는 선한 목자이시다.

그러나 시편 23편은 여기서 끝나지 않는다. "내 평생에 선하심과 인자하심이 반드시 나를 따르리니 내가 여호와의 집에 영원히 살리로다"(23:6). 푸른 초장과 쉴만한 물가도 중요하지만 이보다 더 중요한 것은 '여호와의 집에 영원히 사는 것'이다. 인생의 궁극적인 만족은 하나님 한 분뿐이기 때문이다.

미성숙한 자녀는 늘 "달라, 달라"dollar를 외친다. "이것 달라, 저것 달라." 하지만 성숙한 자녀는 부모에게 오직 한 가지를 바란다. "부모님이 건강하게, 오래 곁에 계셨으면 좋겠다." 그 존재 자체로 만족한다.

마찬가지로 미성숙한 성도는 "이것도 주세요, 저것도 해주세요"라며 하나님께 조른다. 그러나 성숙한 성도는 이렇게 고백한다. "하나님 한 분만으로 만족합니다." 푸른 초장과 쉴만한 물가뿐 아니라 사망의 음침한 골짜기에서도 하나님 한 분으로 만족한다. 부족함 속에서도 하나님을 더 바라보며, 부족함 중에도 하나님 한 분만으로 기뻐한다.

## 하나님이 나의 전부이심을 알 때 결핍은 사라진다

16세기 '십자가의 요한' 성인이 쓰고 '아빌라의 테레사'가 애송한 시 한 편을 한글과 영어 번역으로 소개한다.

> 아무것도 너를 흔들게 하지 말라.
> 아무것도 너를 두렵게 하지 말라.
> 모든 것은 스쳐 지나가고
> 하나님만이 변치 않으신다.
> 인내하는 자, 마침내 모든 것을 얻으리라.

하나님을 모신 자는

아무것도 부족함이 없다.

오직 하나님 한 분이면 충분하다.

Let nothing disturb you,

Let nothing frighten you,

All things are passing away;

God never changes.

Patience obtains all things.

Whoever has God

lacks nothing.

God alone suffices.

우리는 광야 같은 세상 속에서 살아간다. 부족함은 늘 있고, 결핍은 언제나 따라온다. 그러나 주 안에서 그 부족함을 하나님께 가지고 나아가면 하나님은 그 부족함 속에 은혜를 담아 주신다. 그 은혜는 나의 연약함을 깨닫게 하고, 기적을 경험하게 하며, 마침내 하나님 한 분만으로 만족하게 한다. 이 은혜가 여러분의 삶 속에서도 깊이 스며들기를 바란다.

**놀라운 은혜 3**

# 버티는 것이 은혜

약 5:7-11

매주 〈사랑의목장〉이라는 이름의 목회 칼럼을 통해 나의 생각과 목회 철학을 글로 나눈다. 솔직히 글 쓰는 재주는 없어서 매주 원고를 마감하는 일은 늘 작은 전쟁이다. 그럼에도 거의 한 번도 거르지 않고 쓴다. "글은 엉덩이로 쓴다"라는 말처럼, 나도 책상 앞에 앉아 엉덩이로 버티며 쓴다. 글쓰기가 힘들어도, 생각이 막혀도, 포기하지 않고 쓴다.

살다 보니 한 가지 확실히 깨달은 게 있다. 사는 일은 누구에게나 쉽지 않다. 특히 코로나 팬데믹 이후 세상은 완전히 뒤집혔다. 모든 게 불확실하고 버티는 일조차 버겁다. 그럼에도 우리는 끝까지 포기하지 않고 살아가야 한다. 비결은 한마디로 요약된다. 버팀 혹은 버티기다.

하지만 정말 힘들 때는 하루를 버티는 일조차 고통스럽다. 권투 선수가 링 위에 오르는 건 쉽지만 맞으면서도 끝까지 버티는 건 어렵다. 군인도 마찬가지다. 끝까지 자포(自抛)하지 않고 버텨야 명예로운 제대를 맞는다.

아프리카의 치타는 시속 120킬로미터로 치고 나가면서 순간 최고 속도는 탁월하지만 오래 달리지 못한다. 폐가 작고 체력이 약해 금세 지친다. 순간의 폭발력은 있지만 지구력이 없다. 인생도 그렇다. 잠시 성공하려면 열심히 뛰는 주력이 필요하지만 끝까지 승리하려면 버티는 지구력이 더 중요하다. 직장에서도 사업에서도 인간관계에서도 더럽고 억울한 일은 셀 수 없다. 그래도 버텨야 한다.

믿음도 마찬가지다. 믿음이란 결국 끝까지 버티는 힘이다. 삶의 경주를 완주하고 하나님으로부터 "착하고 충성된 종아"라는 칭찬을 들으려면 신앙의 길에서도 버텨야 한다.

## 말씀이 있어야 버틸 수 있다

그럼 우리는 어떻게 어려운 상황 속에서도 끝까지 버티며 믿음을 지킬 수 있을까?

### 1) 맡기며 버텨라

이집트의 바로왕은 늘어나는 히브리 민족의 인구를 억제하기 위해 태어나는 히브리 남자아이는 모두 죽이라는 명령을 내렸다. 그러나 모세의 어머니 요게벳은 "왕의 명령을 무서워하지 아니하였(다)"(히 11:23). 그녀는 권력의 위협 앞에서도 아기를 숨겼고, 더 이상 숨길 수 없게 되었을 때도 포기하지 않았다. 요게벳은 갈대상자를 방수 처리하고, 아기 모세를 그 안에 눕혀 나일강 갈대 사이에 두었다. 그리고 누이 미리암에게 강가를 지켜보게 했다.

요게벳은 하나님을 신뢰했다. 자신이 할 수 있는 최선을 다한 뒤, 아들의 생명을 하나님께 온전히 맡기고 버텼다. 그녀의 믿음은 '포기가 아니라 맡김'이었다. "꿈은 꾸는 자의 것이 아니라 버티는 자의 몫이다." 믿음은 바로 그 '버팀'이다. 버팀은 환난 앞에 굴복하지 않고, 고난 중에도 포기하지 않으며, 끝까지 인내하는 것이다. 버팀은 주어진 자리에서 충성을 다하는 것이다. 그렇게 버티면 하나님의 때에 하나님께서 일하신다. 그때 우리는 도우심의 은혜를 경험하게 된다.

### 2) 붙잡으며 버텨라

"너는 또 그것을 네 손목에 매어 기호를 삼으며 네 미간에 붙여 표로 삼고"(신 6:8).

유대인들은 이 말씀을 문자 그대로 실천했다. 왼쪽 손목에는 말씀을 매고, 이마에는 말씀을 붙였다. 손목에 맨 말씀은 자신이 늘 볼 수 있다. 이는 "내가 하나님 말씀을 붙잡고 살겠다"라는 고백이다. 반면 이마에 붙인 말씀은 자신은 볼 수 없지만 다른 사람들이 볼 수 있다. 이것은 "내가 말씀대로 살고 있는지 보고 판단하라"는 뜻이다.

이처럼 손은 눈에 보이는 행동을, 이마는 보이지 않는 생각과 지성을 상징한다. 손과 머리, 즉 삶의 전 영역에서 하나님의 말씀을 붙잡고 살라는 뜻이다. 보이든 보이지 않든, 사람들의 평가와 상관없이, 말씀을 붙잡고 끝까지 버텨라. 그 버팀 속에서 하나님은 신실하게 일하신다.

어느 목사에게 믿음이 깊은 딸이 있었다. 그녀는 오랫동안 우울증과 싸워왔다. 약을 먹고, 운동을 하고, 배우자와 부모와 자주 대화하며 노력했지만 여전히 마음속 어둠에서 완전히 벗어나지 못했다. 그러던 어느 날, 그녀는 자신의 팔뚝에 성경 말씀을 문신으로 새겼다. 그녀는 그 말씀이 자신을 붙들어주길 원했다. 눈에 보이는 곳에 새겨두어야 힘이 빠질 때마다 그 말씀을 다시 붙잡을 수 있었기 때문이다. 그에게 문신은 단순한 장식이 아니라 생존의 표식이었다. 그녀는 말씀을 잊지 않기 위해, 절망 속에서도 그 말씀을 붙잡기 위해 그렇게 했다.

이처럼 역경을 버티는 힘은 말씀을 붙드는 데서 나온다. 상황이 흔들려도 마음이 무너져도 말씀을 붙잡으면 버틸 힘이 생긴다. 그 말씀이 우리 안에서 다시 일어설 용기를 준다.

### 3) 최선을 다하며 버텨라

이스라엘이 아말렉과 전쟁할 때 모세는 산 위에서 하늘을 향해 두 손을 들어 기도했다. 그의 손이 올라가 있으면 이스라엘이 이기고, 손이 내려가면 아말렉이 이겼다. 그래서 아론과 훌은 모세의 두 팔을 붙들어 올렸다.

성경은 "그 손이 해가 지도록 내려오지 아니"(출 17:12)했다고 기록한다. 여기서 '내려오지 않았다'는 말의 히브리어가 '에무나'*emunah*인데, 그 뜻이 '버티다', '견디다'이다.

어릴 때 손 들고 벌을 받아본 적이 있는가? 1분만 들어도 어깨가 빠질 것처럼 아프다. 그런데 모세와 아론, 훌은 해가 질 때까지 버텼다. 모세의 팔을 붙들어 올리던 아론과 훌이 아마 더 힘들었을 것이다. 그들은 자신이 할 수 있는 최선을 다해 끝까지 버텼다. 팔이 저리고, 어깨가 타들어가도 포기하지 않았다. 이스라엘이 승리할 때까지 그렇게 했다.

그러므로 '에무나'는 단순한 인내가 아니라 믿음으로 버티는 힘이다. 하박국은 말했다. "의인은 그의 믿음으로 말미암아 살리라"(합 2:4). 믿음은 그저 견디는 것이 아니라 하나님을 신뢰하기에 포기하지 않는 힘이다. 무화과나무에 열매가 없고,

포도나무가 무성하지 못하고, 감람나무에 소출이 없고, 밭에 먹을 것이 없어도… 그럼에도 하나님을 향한 믿음으로 버텨라. 힘들어도 믿음으로 최선을 다해 버텨라. 때가 되면 하나님이 일하신다. 그날, 우리는 여호와로 인해 기뻐하게 될 것이다. 구원의 하나님으로 인해 마음 깊이 즐거워하게 될 것이다.

### 4) 바라보며 버텨라

야고보서에는 이렇게 기록되어 있다. "그러므로 형제들아 주께서 강림하시기까지 길이 참으라 보라 농부가 땅에서 나는 귀한 열매를 바라고 길이 참아 이른 비와 늦은 비를 기다리나니 너희도 길이 참고 마음을 굳건하게 하라 주의 강림이 가까우니라"(약 5:7-8). 이 짧은 말씀 속에 "길이 참으라"는 말이 세 번이나 반복된다. 참는다는 것은 곧 버티는 것이다. 농부가 열매를 기다리며 봄비와 가을비를 참고 기다리듯 믿음의 사람은 미래를 바라보며 버티는 사람이다.

욥도 그랬다. "그가 나를 죽이시리니 내가 희망이 없노라"(욥 13:15). 한국어로는 절망처럼 들리지만, 영어 성경은 이렇게 번역한다. "Though he slay me, I will hope in him"(ESV). "Because even if he killed me, I'd keep on hoping"(메시지). 즉 "하나님이 나를 죽이신다 해도, 나는 그분을 신뢰하겠다"라는 뜻이다. 절망의 끝에서도 욥은 하나님을 바라보며 버텼다. 그의 소망은 상황이 아니라 하나님 안에 있었다.

하나님을 바라보라. 농부는 결실을 바라보며 고통을 견딘다. 욥은 하나님을 바라보며 고난을 견뎠다. 우리도 하나님이 주실 아름다운 결말을 바라보며 버텨야 한다. 바라봄이 없으면 버틸 힘이 없다. 그러나 하나님을 바라보면 버틸 이유가 생긴다. 하나님은 반드시 당신의 때에, 가장 좋은 결실로 응답하신다. 그러므로 오늘도 믿음의 눈으로 바라보며 끝까지 버티라.

## 끝까지 버티는 자가 받는 3가지 은혜

그렇다면 끝까지 버티는 사람은 어떤 은혜를 누릴까?

### 1) 영적 맷집이 커진다

"믿음으로 노아는 아직 보이지 않는 일에 경고하심을 받아 경외함으로 방주를 준비하여…"(히 11:7). 노아는 타락한 세상 한가운데서도 사람을 두려워하지 않고, 오직 하나님만을 경외했다. 그의 믿음은 세상과 타협하지 않는 경외심에서 시작되었다. 그리고 하나님의 명령에 따라 산 위에 방주를 짓기 시작했다. 그것은 인간의 힘으로는 도저히 불가능한 프로젝트였다. 1~2년 안에 끝낼 수 있는 일도 아니었고, 막대한 예산이 투

입된 국가 사업도 아니었다. 그에게는 홍수에 대한 지식도, 방주 건조 경험도 없었다. 그저 믿음 하나로, 물 위에 떠 있어야 할 배를 육지 한가운데서 만들었다.

하지만 노아가 견뎌야 했던 더 큰 어려움은 따로 있었다. 바로 사람들의 조롱과 냉대였다.

"저렇게 배를 만든다고? 그것도 산 위에서? 언제 비가 온다고?"

"하나님이 심판하신다고? 근거는 뭔데?"

사람들은 비웃었고, 노아는 딱히 답할 말이 없었다. 그럼에도 그는 묵묵히 버텼다. 의심이 찾아와도, 낙심이 몰려와도, 포기하지 않았다. 그렇게 세월이 흘러 마침내 불가능해 보이던 방주가 완성되었다. 그리고 그 긴 시간 동안 노아의 영적 맷집은 놀랍도록 단단해졌다.

만약 하나님이 또 다른 거대한 사명을 맡기신다면 누구에게 맡기실까? 끝까지 버틸 수 있는 사람, 즉 노아 같은 사람이다. 권투 선수가 한 대도 맞지 않고 이길 수 없고, 축구 선수가 한 번도 실수하지 않고 승리할 수 없듯, 신앙의 길도 그렇다. 영적 맷집이 있어야 끝까지 사명을 감당할 수 있다. 버티는 사람은 맞아도 포기하지 않고, 넘어져도 다시 일어난다. 그 과정에서 믿음의 근육이 단단해지고, 영적 맷집이 커진다.

맷집이 커질수록 큰 고통도 견딜 수 있고, 하나님은 그런 사람에게 더 큰 사명과 일을 맡기신다. 끝까지 버티는 자, 그 사람은 결국 영적 맷집으로 단련된 하나님의 사람으로 세워진다. 이것이 버티는 자가 누리는 하나님의 은혜이다.

### 2) 끝까지 살아남는다

바벨론 제국이 남유다를 멸망시켰을 때 당시 15~16세의 소년 다니엘은 바벨론에 포로로 끌려갔다. 그곳에서 그는 바벨론의 마지막 왕 벨사살을 섬겼고, 이후 바벨론이 페르시아에 정복당한 뒤에는 다리오왕과 고레스왕의 통치 아래에서 일했다. 나라가 바뀌고, 정권이 바뀌고, 왕이 바뀌었지만 포로로 끌려간 다니엘은 끝까지 살아남았다. 그는 무려 65년 동안 제국의 최고위 관직에 올랐다.

그러나 그의 인생이 순탄했던 것은 아니다. 다니엘을 시기하고 모함하는 자들이 끊이지 않았다. 그는 여러 번 죽을 위기를 겪었고, 사자굴에 던져지기까지 했다. 하지만 다니엘은 도망치지 않았다. 환경이 바뀌어도, 권력이 흔들려도 그는 하나님의 사람으로 끝까지 버텼다. 그리고 결국 살아남아 모든 세대의 왕들에게 존경받는 인물이 되었다.

우리도 마찬가지다. 끝까지 살아남는 은혜를 누리고 싶은가? 버텨라. 세상은 "뛰는 놈 위에 나는 놈이 있다"라고 하지만 진짜 승자는 그 위에 '붙어 있는 놈', 그리고 마지막까지 '버티는 놈'이다. 붙어 있고 버티는 사람이 끝까지 남는다.

결혼 생활도 그렇다. 결혼에는 네 개의 반지가 있다. 결혼 전의 약혼반지 engagement ring, 결혼식의 결혼반지 wedding ring, 결혼 후 찾아오는 고난의 반지 suffering ring 그리고 끝까지 인내하며 버티는 인내의 반지 enduring ring가 그것이다. 마지막 반지를 낄 수 있는 부부가 진짜로 살아남는다. 결혼의 행복은 특별한 순간이 아니라, 끝까지 인내하며 버티는 그 여정 속에서 피어난다.

### 3) 하나님의 축복을 받는다

하나님의 자녀는 반드시 하나님이 주시는 복을 받아 누려야 한다. 그 복은 단순히 물질적 형통이 아니라 끝까지 버티는 믿음을 통해 주어지는 영적인 복이다.

먼저는 예수님께 인정받는 복이다. "성도들의 인내가 여기 있나니 그들은 하나님의 계명과 예수에 대한 믿음을 지키는 자니라"(계 14:12). 주님은 믿음으로 끝까지 버티는 사람을 인정하신다. 환경에 흔들리지 않고 세상 속에서도 하나님의 뜻을 붙드는 사람, 그가 바로 주님의 인정을 받는 복된 사람이다.

다음으로 생명의 면류관을 받는 복이다. "시험을 참는 자는 복이 있나니 이는 시련을 견디어 낸 자가 주께서 자기를 사랑하는 자들에게 약속하신 생명의 면류관을 얻을 것이기 때문이라"(약 1:12). 믿음으로 고난을 버틴 자에게 주님은 칭찬과 상급을 주신다. 그 어떤 세상적 성공보다 값진 상, 그것이 '생명의 면류관'이다.

그리고 열매를 맺는 복이다. "좋은 땅에 있다는 것은 착하고 좋은 마음으로 말씀을 듣고 지키어 인내로 결실하는 자니라"(눅 8:15). 말씀을 붙잡고, 흔들림 없이 버티며 살아가는 사람은 하나님의 때에 반드시 결실을 맺는다. 하나님은 기다림 속에서 자라는 뿌리를 보시기 때문이다.

대나무는 씨를 심고 처음 4년 동안 거의 자라지 않는다. 땅 위로는 단 한 줄기 죽순만 올라올 뿐이다. 그러나 땅속에서는 놀라운 일이 일어난다. 보이지 않는 곳에서 깊고 단단하게 뿌리를 내리는 과정이 진행되는 것이다. 그리고 5년째가 되면, 단 몇 주 만에 25미터까지 폭발적으로 자란다. 그러므로 버티는 시간은 정체의 시간이 아니라 내면을 다지는 시간이다. 보이지 않는 곳에서 내면을 단련하고, 믿음의 뿌리를 깊이 내리는 시간이다. 그 후에는 놀라운 성장과 풍성한 열매가 따라온다. 대나무의 성장처럼, 버티는 시간은 결코 헛되지 않다.

마지막으로, 예수님을 닮아가는 복이다. "믿음의 주요 또 온전하게 하시는 이인 예수를 바라보자 그는 그 앞에 있는 기쁨을 위하여 십자가를 참으사…"(히 12:2). 예수님은 고통의 십자가를 피하지 않으셨다. 기쁨의 부활을 바라보며 끝까지 버티셨다. 믿음으로 버티는 사람은 고난 속에서도 예수님을 닮아간다.

이처럼 버티는 사람은 결국 예수님의 길을 걷는 사람이다. 그 길은 쉽지 않지만 마지막에는 주님의 인정, 생명의 면류관, 풍성한 열매 그리고 예수님의 형상이 기다리고 있다. 이것이 끝까지 버티는 자에게 주어지는 하나님의 복된 은혜다.

## 은혜는 견딘 자리에서 자란다

척추신경학 권위자 윤상혁 교수는 "북한 땅에 들어가 그들을 도우라. 그들을 사랑하라"고 하시는 예수님의 부르심에 순종해 아내와 세 자녀를 데리고 북한으로 들어갔다. 평양의학대학에서 13년 동안 의술로, 그리고 삶으로 예수님의 사랑을 전했다. 눈에 보이는 열매가 없어도 그는 버텼다. 이런 그의 고백은 짧지만 깊다.

"은혜란 버티는 것입니다. 정말 포기하고 싶을 때는 환경이 힘들어서가 아니라 아무 열매도 보이지 않을 때입니다." 그는 오랜 세월을 버티며 이전에는 경험하지 못한 하나님의 은혜를 맛보았고 그 은혜 앞에서 눈물을 흘렸다.

세상은 "강한 자가 살아남는다"라고 말한다. 그러나 이 말은 틀렸다. 강한 자가 살아남는 게 아니라 살아남는 자가 강한 것이다. 예수님은 죽음을 이기고 부활하셨기에 가장 강하신 분이다. 믿음으로 버티는 자는 연약해 보여도 결국 예수님을 닮아가는 '작은 예수'가 된다.

고난이 있는가? 피하고 싶은가? 도망가고 싶은가? 그럴수록 예수님처럼 버텨라. 끝까지 살아남으라. 예수님처럼 장차 앞에 있는 기쁨을 바라보며 버텨라. 고통 없이 얻는 것은 없다. 검은 수십 번 용광로를 견디며 명검이 되고, 금은 수백 번의 망치질과 불길을 버티며 순금이 된다.

버텨라. 믿음은 버티는 능력이다. 버티는 것이 실력이다. 버티는 자가 살아남고, 버티는 자가 승리하며, 버티는 자가 복을 받는다. 그러니 오늘 하루만이라도 버텨라.

맨 앞에 서지 못해도 된다. 하지만 믿는 사람은 반드시 맨 나중까지 버텨야 한다. 믿음으로 버텨라. 그 버팀으로 영적 맷집을 키워라. 그 맷집으로 하나님이 맡기신 사명을 끝까지 감당하라. 끝까지 버티는 자, 그가 진짜 강자다. 그가 약속하신 복을 누린다.

오늘도 포기하지 말고, 끝까지 버텨라. 거기서 하나님의 은혜가 자란다. 이 믿음의 버팀이 당신의 삶과 가정 안에서도 계속되기를 바란다.

### 놀라운 은혜 4
# 낮아짐이 은혜
왕하 5:9-14

한양대 유영만 교수는 오늘날 현대인이 '오름 중독'에 빠져 있다고 말한다. 끊임없이 더 높이 오르려는 경쟁이 일상이 되어, 결국 자신을 소진시키는 병이다. 그는 이렇게 조언한다. "밑바닥까지 기꺼이 내려가야 더 큰 것을 얻을 수 있다. 위기를 피하지 말고, 내려가는 아픔을 경험하라. 그 길이 진정한 성숙으로 이끈다."

우리는 오르는 법은 배웠지만, 내려가는 법은 배우지 못했다. 그러나 '내려가는 연습'이야말로 오름 중독을 치유하는 길이다. 모든 성공의 그림자에는 내려감에서 배운 지혜가 숨어 있다.

세계 최초로 8,000미터 이상 고봉 16좌를 오른 산악인 엄홍길도 이렇게 말한다. "산도 인생도 내려가는 게 더 중요하다. 잘 내려가야 다시 오를 수 있다." 하산은 끝이 아니라 다음 고봉을 위한 준비다. 바다의 고래도 이 진리를 안다. 어미 고래는 새끼에게 이렇게 말한다. "수면 위로 자주 올라가 물을 뿜으면 작살에 맞을 확률이 높다." 깊은 곳에 머물 때 안전하듯 인생도 겉으로 드러낼수록 상처받기 쉬운 법이다.

## 낮아짐은 회복의 문이다

하지만 '내려가는 연습'을 오해해선 안 된다. 내려간다는 것은 패배나 무능의 표시가 아니다. 그것은 분명한 목적을 가지고 의도적으로 자신을 낮추는 행위이며, 그리스도인에게는 하나님 앞에서 겸손을 배우는 거룩한 훈련이다.

예수님께서 그렇게 낮아지셨다. 그분은 우리를 구원하시기 위해 스스로 낮아지셨고, 하나님의 뜻을 이루기 위해 종의 모습으로 이 땅에 오셨다. 십자가에서 죽기까지 복종하셨으며, 그 낮아짐으로 하나님의 구원을 완성하셨다. 예수님의 마음은 낮아지는 마음, 곧 겸손의 마음이었다. 그러므로 제자의 길은 오름이 아니라 낮아짐이다. 자신을 드러내기보다 하나님의 뜻을 이루기 위해 자신을 낮추는 삶이다. 그 길은 세상적으로는 손해 같고 어리석어 보일지 몰라도 그 낮아짐 속에는 하나님이 주시는 놀라운 은혜가 있다. 그렇다면 왜 '낮아짐'이 은혜인가?

### 첫째, 낮아지면 살 수 있다

나아만은 아람 왕이 존귀히 여기던 군대 장군이었다. 그는 이스라엘 아합왕과의 전쟁에서 대승을 거둔 전쟁 영웅이었다. 그러나 그 영광의 한가운데서 그에게 불치병인 문둥병이 찾아왔다. 권력도, 재력도, 명예도 이 병 앞에서는 아무 힘도 쓸 수 없었다. 그때 나아만은 이스라엘에 있는 선지자 엘리사가 자신의 병을 고칠 수 있다는 소문을 듣고, 아람 왕의 친서를 들고 적국 이스라엘로 향했다. 그러나 엘리사는 그를 직접 맞이하지 않았다. 대신 하인을 시켜 전했다. "너는 가서 요단강에 몸을 일곱 번 씻으라 네 살이 회복되어 깨끗하리라"(왕하 5:11).

이에 나아만은 분노했다. "내 생각에는 그가 내게로 나와 서서 그의 하나님 여호와의 이름을 부르고 그의 손을 그 부위 위에 흔들어 나병을 고칠까 하였도다"(5:11). 그는 끝까지 자신의 방식과 체면을 내려놓지 못했다. 그러나 하나님은 그에게 치유보다 먼저 겸손을 배우게 하셨다.

그날 나아만은 말 위에서는 치유를 받을 수 없었다. 그는 먼저 자신의 높아진 생각을 내려놓아야 했다. 장군의 위엄을 벗고 탄 말에서 내려와, 요단강으로 겸손히 몸을 굽혀 일곱 번 물에 잠겨야 했다. 그리고 그가 하나님의 말씀 앞에 자신을 낮추었을 때 그의 살은 새 살처럼 깨끗해졌고, 그의 인생은 완전히 새로워졌다. 이것이 바로 낮아짐을 통해 임하는 은혜였다.

혹시 지금 인생의 위기 속에 있는가? 죽을 만큼 힘들고 답답한가? 그 문제를 해결하기 위해 온갖 노력을 다 해봤지만 길이 보이지 않는가? 그렇다면 하나님 앞에 나오라. 그리고 낮아져라. 내 생각이 하나님의 생각과 부딪힐 때 담대히 내려놓으라. 그 순간 살아난다. 그때 비로소 닫혀 있던 길이 열린다.

사람이 낮아지지 못하는 이유가 있다. 첫째는 두려움이다. '내가 낮아지면 사람들이 나를 무시하지 않을까?' 결국 사람들의 시선이 두려운 것이다. 둘째는 교만이다. '내 문제는 내가 해결할 수 있다'는 마음, 하나님보다 자신을 더 신뢰하는 마음이다. 그러나 성경은 말한다. "교만은 패망의 선봉이요 거만한 마음은 넘어짐의 앞잡이니라." 성경학자 윌리엄 바클레이는 이렇게 말했다. "교만은 다른 모든 죄가 자라는 토양이며 모든 죄를 낳는 부모다."

남유다의 초대왕 르호보암은 교만하여 여호와의 율법을 버렸다. 율법을 버렸다는 말은 단지 종교적 규범을 무시했다는 말이 아니라 하나님과 그분의 사랑 자체를 버렸다는 의미다.

왕이 하나님을 버리자 백성도 그를 따라 우상을 숭배했다. 그러나 교만의 비극은 르호보암 한 사람에게서 끝나지 않았다. 이스라엘의 초대왕 사울은 교만 때문에 하나님의 축복을 잃었고, 다윗의 아들 압살롬은 교만으로 반역을 일으키다 결국 목숨까지 잃었다. 웃시야왕은 교만으로 인해 문둥병에 걸려 왕좌에서 물러났다.

성경은 반복해서 경고한다. 교만하면 망한다. 하나님 앞에서 낮아져야 산다. 나아만 장군처럼 자신을 낮출 때 비로소 산다. 익은 벼가 고개를 숙이듯 사람이 낮아질 때 참된 존경을 받는다. 낮아짐은 약함이 아니라 하나님이 세우시는 힘이다.

### 바다는 낮아서 모든 물을 받아들인다

**둘째, 낮아지면 품을 수 있다**

"바리새인과 서기관들이 수군거려 이르되 이 사람이 죄인을 영접하고 음식을 같이 먹는다 하더라"(눅 15:12).

1세기 유대 사회에는 크게 두 부류가 있었다. 한 부류는 '죄인'이라 불린 사람들이다. 이는 반드시 도덕적으로 타락했거나 법을 어긴 사람만을 뜻하지 않았다. 그들은 단지 바리새인과 서기관들이 그어놓은 경계선 밖에 서 있던 사람들, 즉 그들의 기준에 맞지 않는 자들이었다.

다른 한 부류는 '의인들'이다. 혈통적으로 순수한 유대인, 신체적 결함이 없는 자 그리고 율법을 철저히 지키는 도덕적 엘리트들이었다. 그중에서 중심은 바리새인과 서기관이었다. 종교적 권위자요, 도덕적 자부심의 대표자였다.

그런데 예수님께서 '죄인들'과 함께 식탁에 앉자 그들은 수군거렸다. '수군거렸다'는 단어는 신약성경에 두 번 등장한다(눅 15:2, 19:7). 두 번 모두 바리새인들이 예수님께 불평할 때 사용된 말이다. 그들의 불평에는 교만이 깃들어 있었다. 바리새인과 서기관들은 스스로를 의인이라 여겼다. 그래서 세리를 하나님의 사랑으로 품지 못하고 오히려 죄인이라 정죄했고, 그들과 교제하신 예수님을 비난했다. 그들의 눈에는 예수님이 율법을 더럽히고 이스라엘의 신앙을 훼손하는 사람으로 보였다.

마음이 높아진 사람은 결코 하나님의 사랑으로 남을 품을 수 없다. 자기 의에 붙잡힌 사람은 결국 판단과 정죄로 흐른다. 그래서 우리는 하나님 앞에서 겸손해야 한다. 겸손해야 사람을 품는다.

미국의 신문 《뉴요커》에 이런 유머가 실린 적이 있다. 빌 클린턴 대통령 부부가 주유소에 들렀는데, 그곳에서 힐러리 여사의 고등학교 시절 남자친구를 우연히 만났다. 차를 몰고 나오던 클린턴이 아내에게 거드름을 피우며 말했다. "당신이 그 남자와 결혼했다면, 지금쯤 주유소에서 일하고 있겠지?"

그러자 힐러리가 미소를 지으며 대답했다. "아니요. 내가 그와 결혼했다면, 그 사람이 지금 대통령이 됐겠죠. 그리고 당신이 주유소에서 일하고 있었을 거예요."

유머지만 그 안에 진실이 있다. 직업이 중요한 게 아니다. 어떤 마음으로 살아가느냐가 중요하다. 겸손한 사람은 어떤 자리에서도 사람을 존중하고 섬길 수 있다. 예수님은 우리가 어떤 직업을 갖든지, 어떤 위치에 있든지 겸손히 이웃을 품길 바라신다. 만약 우리가 바리새인들처럼 우월의식에 사로잡혀 남을 판단하고 정죄한다면 설령 세상적으로 성공했더라도 예수님께서 기뻐하지 않으신다.

바다는 세상에서 가장 낮은 곳에 있다. 그렇기에 모든 물줄기가 그리로 흘러간다. 바다는 더러운 물, 오염된 물, 쓰레기까지도 다 받아들인다. 그런데 그 낮은 바닷속에는 수많은 생명과 풍성한 자원이 있다. 가장 낮은 곳에서 가장 놀라운 역사가 일어난다.

예수님의 마음은 바다와 같다. 넓고 깊으며, 낮은 마음이다. 모든 사람을 품고, 모든 것을 용납하신다. 우리도 그분처럼 마음이 낮아질 때 예수님의 사랑으로 남을 품을 수 있다. 그때 섬기는 기쁨을 알고, 진정으로 풍성한 삶을 누리게 된다. 이것이 낮아짐에서 흘러나오는 은혜다.

## 낮아지면 보이지 않던 은혜가 보인다

**셋째, 낮아질 때 남의 섬김을 귀하게 여긴다**

물고기 두 마리와 보리떡 다섯 개는 한 어린아이의 도시락이었다. 당시 유대 사회에서 여자와 아이는 하찮은 존재로 취급받았다. 그러나 예수님께서는 한 아이가 가져온 도시락으로 오천 명이 배불리 먹는 놀라운 기적을 베푸셨다.

생각해보자. 그날 기적을 경험한 오천 명 중 과연 몇 명이나 그 아이의 섬김을 알았을까? 그의 희생을 귀하게 여기고 감사했을까? 아마 대부분은 배불리 먹는 데만 정신이 팔려 있었을 것이다. 그 아이가 자신의 도시락 전부를 내어놓았다는 사실엔 관심조차 두지 않았을 것이다.

하지만 예수님은 달랐다. 예수님은 그 작은 손길, 그 미약한 헌신을 기쁘게 받으셨다. 보잘것없는 도시락을 축복하시고 그것을 통해 풍성한 은혜의 잔치를 여셨다. 물론 예수님께서는 아이의 도시락이 없어도 기적을 행하실 수 있었다. 그러나 주님은 굳이 그 작은 섬김을 통해 일하시기를 원하셨다. 그분은 그 음식에 축복을 더하시고, 그 기적을 통해 자신이 하늘에서 내려온 생명의 떡임을 가르치셨다. 낮은 자의 손을 통해 하늘의 뜻을 이루신 것이다.

다른 장면을 떠올려보자. 예수님께서 열 명의 문둥병자를 고쳐주셨다. 그중 아홉은 유대인이었고, 한 사람은 사마리아인이었다. 그런데 병이 나은 후 예수님께 돌아와 감사한 사람은 오직 사마리아인 하나뿐이었다. 그때 예수님께서 말씀하셨다. "열 사람이 다 깨끗함을 받지 아니하였느냐 그 아홉은 어디 있느냐 이 이방인 외에는 하나님께 영광을 돌리러 돌아온 자가 없느냐"(눅 17:17-18).

고침받은 아홉 명의 유대인은 왜 돌아오지 않았을까? 그들은 은혜를 당연하게 여겼다. 남의 섬김을 가볍게 여기고, 하나님의 손길을 습관처럼 생각했다.

마음이 높아지면 남의 섬김을 당연하게 여기게 된다. "당신이 부자이니 밥을 사야 한다." "큰 교회라면 당연히 작은 교회들을 섬겨야 한다." 이런 생각 속에는 교만이 숨어 있다. 마음이 높아질수록 남의 섬김이 귀하게 느껴지지 않는다. 귀하게 여기지 않으면 감사가 사라지고 결국 섬김의 희생을 당연하게 여긴다.

홍정길 목사의 아버지는 평생 교회의 어려운 살림을 묵묵히 감당한 장로였다. 목사 안수를 받기 전날 밤, 아버지는 아들에게 이렇게 말했다. "내 아들아, 나 대신 주의 종이 되어서 고맙다. 그런데 한 가지 부탁이 있다. 목사님들이 감사를 잘하지 못하는데, 너는 평생 감사하는 목사가 되어라."

이 사례를 듣고 그날 이후로 나는 이렇게 기도했다. "주님,

저도 감사하는 목사가 되게 하소서. 어떤 일도 당연하게 여기지 않게 하소서."

사람은 마음이 높아질 때 남의 섬김을 소홀히 여기고, 교만할 때 타인의 수고를 당연하게 받아들인다. 그러나 마음이 낮아지면 비로소 남의 섬김이 얼마나 귀한지 깨닫게 된다. 겸손한 사람은 작은 도움에도 감사할 줄 알고, 그 속에서 은혜를 경험한다. 낮아짐은 감사를 회복하게 하는 하나님의 은혜다.

**넷째, 낮아질 때 하나님의 영광과 축복이 임한다**

하나님께서는 모세를 통해 강퍅한 바로왕과 애굽에 개구리 재앙을 내리셨다. 재앙이 심해지자 바로는 모세에게 부탁했다. "네 하나님께 간구하여 이 개구리들이 이 땅에서 떠나게 해 달라." 모세가 "언제 하나님께 기도하면 좋겠습니까?"라고 묻자 바로는 "내일"이라고 대답했다. 그는 개구리 재앙이 그치는 날을 '내일'로 정했다.

놀랍게도 하나님께서는 그의 요청을 그대로 들어주셨다. 바로가 회개했거나 진심으로 겸손해졌기 때문이 아니었다. 그는 단지 잠시 마음이 낮아져 모세에게 "여호와께 기도해달라"고 간청했을 뿐이다. 그런데도 하나님은 그 짧은 순간의 낮아짐을 보시고 그의 말을 들으셨다. 하나님은 그렇게 자비로우신 분이다.

이 사건은 중요한 사실을 보여준다. 하나님은 완전한 믿음의 사람에게만 응답하시는 분이 아니라 잠시라도 겸손히 마음을 낮추는 사람에게 은혜를 베푸시는 분이라는 것이다. 우리가 마음을 낮추고 하나님께 간구할 때 그분은 놀라운 방식으로 응답하신다. 기도 응답뿐 아니라 하나님의 축복과 영광도 함께 임한다. 성경은 이렇게 약속한다. "주 앞에서 낮추라 그리하면 주께서 너희를 높이시리라"(약 4:10). 사람이 하나님 앞에서 낮아질 때 하나님은 자신의 때에 그를 높이신다. 그리고 그를 통해 하나님의 영광을 드러내신다.

## 낮아진 자리, 은혜가 머무는 자리

2007년, 한국의 대표적 지성인이자 철저한 논리로 기독교를 비판하던 전 문화부 장관 이어령이 세례를 받았다. 그는 평생 누구 앞에서도 무릎을 꿇지 않았던 사람이었다. 그러나 예수님 앞에서는 무릎을 꿇었다. 그는 그 순간 자신을 낮추었다. 그런 그에게 하나님의 영광과 축복이 임했다.

그는 예수님을 만난 후 〈어느 무신론자의 기도〉라는 글을 남겼다. 그의 고백 속에는 인간의 이성이 도달할 수 없는 자리에서 겸손히 무릎 꿇은 한 영혼의 깨달음이 담겨 있다. 기도문

일부분을 나눈다.

> 하나님,
> 나는 당신의 제단에 꽃 한 송이 촛불 하나도
> 올린 적이 없으니 날 기억하지 못하실 것입니다.
> 그러나 하나님, 모든 사람이 잠든 깊은 밤에는
> 당신의 낮은 숨소리를 듣습니다.
> 그리고 너무 적적할 때 아주 가끔
> 당신 앞에 무릎을 꿇고 기도를 드리기도 합니다.
> 사람은 별을 볼 수는 있어도
> 그것을 만들 수는 없기 때문입니다.
> 별 사탕이나 혹은 풍선을 만들 수는 있지만
> 그렇게 높이 날아갈 수는 없습니다. …
>
> 좀 더 가까이 가도 되겠습니까.
> 하나님, 당신의 발끝을 가린 성스러운 옷자락을
> 때 묻은 이 손으로 조금 만져봐도 되겠습니까.
> 아! 그리고 그 손으로 저 무지한 사람들의 가슴속에서도
> 풍금소리를 울리게 하는 한 줄의
> 아름다운 시를 쓸 수 있도록
> 허락해주시겠습니까.

최근에 이런 말을 들은 적이 있다. "미국에 사는 교포는 미국 조선족이다." 처음에는 무슨 뜻인지 이해가 되지 않아 웃어넘겼지만 그 말이 조선족을 낮춰 부르는 뉘앙스로 들려 마음이 편치 않았다. 그런데 곰곰이 생각해보니 이런 마음이 들었다. "그래서 어때? 내가 코리안 아메리칸이든 중국 조선족이든, 그게 무슨 상관인가? 나는 하나님의 자녀다. 나는 예수님을 믿고 따르는 그리스도의 제자다."

이것이 복음의 시선이다. 세상은 출신과 신분, 배경으로 사람을 나누지만 하나님은 오직 겸손한 마음을 보신다. 그 마음이 낮아질 때 하나님의 은혜가 임한다.

예수님처럼 낮아져야 한다. 예수님처럼 하나님 나라의 목적을 붙잡고, 의도적으로 자신을 낮춰야 한다. 낮아짐은 소극적인 굴복이 아니라 하나님의 뜻을 이루기 위한 의지적인 선택이다. 낮아질 때 은혜가 임한다.

낮아질 때 내가 산다. 낮아질 때 남을 품게 된다. 낮아질 때 남의 섬김을 귀하게 여길 수 있다. 낮아질 때 하나님의 영광과 축복이 임한다. 이 모든 은혜가 우리의 삶 속에 충만히 임하기를 바란다.

| 닫는 글 |

# 지금도 은혜입니다

이 책을 마치며 지난 시간을 돌아보면 제 삶의 모든 순간마다 하나님의 손길이 함께하셨음을 고백하게 됩니다. 크고 작은 일들 속에서도, 기쁨과 위기의 순간들 속에서도, 저를 붙잡아 주신 분은 언제나 하나님이셨습니다. 제가 걸어온 길, 제가 경험한 모든 기적과 은혜는 인간의 노력으로는 설명할 수 없는, 오직 하나님의 사랑과 섭리였습니다.

    이 글을 읽으시는 여러분께 전하고 싶은 마음은 단순합니다. 하나님께서 주신 은혜를 꼭 붙잡으시기 바랍니다. 그 은혜는 결코 가볍거나 값싼 것이 아닙니다. 조건 없는 사랑으로 우리를 구원하신 하나님의 선물이자, 삶의 모든 장면 속에서 우리를 붙들고 계신 하나님의 손길입니다.

우리가 미처 깨닫지 못하는 순간에도 하나님께서는 여전히 우리의 발걸음을 인도하고 계십니다. 가족과 동역자들, 그리고 사랑하는 성도들과의 관계 속에서도 저는 날마다 그 은혜를 체험합니다. 서로를 향한 사랑과 격려, 기도와 헌신 속에서 하나님은 지금도 살아 역사하고 계십니다.

삶은 완벽하지 않습니다. 실수와 좌절, 고난과 두려움이 우리를 흔들 때가 있습니다. 그러나 저는 확신합니다. 그 모든 순간에도 하나님께서는 우리를 놓지 않으시며 그분의 사랑과 은혜로 다시 일으켜 세우신다는 사실을 말입니다. 때로 길이 보이지 않을 때에도 하나님께서는 여전히 우리를 새로운 길로 인도하십니다.

이 책은 제가 살아오며 경험한 하나님의 은혜를 나누기 위해 쓴 글입니다. 그 은혜가 여러분의 마음에도 닿아 믿음으로 살아갈 힘과 용기가 되기를 진심으로 바랍니다. 오늘도 살아 계셔서 우리를 사랑하시고 인도하시는 하나님께 다시 한번 감사와 경배를 드립니다.

"내가 너희를 생각할 때마다 나의 하나님께 감사하며 간구할 때마다 너희 무리를 위하여 기쁨으로 항상 간구함은"(빌 1:3-4).

지금 이 순간, 제가 살아 숨 쉬며 말씀을 전하고, 사람을 사랑할 수 있는 이유는 단 하나입니다. 모든 것은 하나님의 은혜입니다. 오늘도 그 은혜 안에서 주님의 사랑을 바라보며, 그 길을 조용히 걸어가겠습니다.

당신을 하나님께 소중한 존재로 세우는 것,

그것이 M2G의 사명입니다.

## 🌱 M2G Ministries 소개

M2G Ministries (이하 M2G)는 예수님의 삶과 가르침을 따라 하나님께서 한 사람 한 사람을 얼마나 소중히 여기시는지를 기억하며, 그 한 사람을 하나님께 드려진 제자로 세워가는 공동체입니다. 우리는 '하나님께 소중한 자'로 부름 받아 복음 안에서 연결되고 사랑으로 동역하며 하나님 나라의 뜻을 이루어가는 것을 사명으로 삼습니다. M2G는 전도, 제자훈련, 사랑의 실천을 통해 세상 속에서 예수의 제자로 살아가도록 돕는 하나님 나라 네트워크 공동체입니다.

### *Matter to God*   요한복음 3:16

M2G 미니스트리 대표   노창수 목사

당신은 하나님께 소중합니다. M2G 사역은 교회와 일꾼들(평신도, 목회자, 선교사)이 하나님께 소중한 존재임을 알리고, 네트워킹과 동역을 통해 예수님의 제자로 세우는 사역입니다.

SEED 국제선교회 이사장
(전) 남가주사랑의교회 담임
(전) 와싱톤중앙장로교회 담임
(전) Biola University 이사

## 🌱 M2G Ministries 목적

M2G는 교회, 평신도, 목회자 그리고 선교사가 제자도를 통해 자신이 하나님께 소중한 존재임을 깨닫고, 하나님 나라의 소중한 일꾼으로 세워져 하나님의 뜻을 이루는 일에 헌신할 수 있도록 돕습니다.

## 🌱 M2G Ministries 핵심가치 4 'P'

**Partnership | 동역**
서로 협력하며
함께 사역함

**Personal | 개인적**
한 사람 한 사람을
존중하고 돌봄

**Protected | 안전**
안전하게 보호하며
마음을 지킴

**Presence | 동행**
하나님 안에서 동행함

## 🌱 M2G Ministries 주요사역

**교회 & 평신도**

- 온전한 제자 세우는 **제자도**
- 말씀(집회) 및 세미나
- 건강한 교회로의 회복(갈등과 분쟁, 리더십 전환)
- 사역자 **네트워킹과 멘토링**
- 소그룹 소유 교회에서 **소그룹 중심 교회**로의 전환
- 전통교회에서 **제자훈련교회**로의 전환

**목회자**

- 목회자 섬김(예: 훈련, 건축, 청빙, 부교역자 관계)
- 미자립교회와 디아스포라 교회 말씀(집회) 사역
- 제자훈련 목회자 네트워킹
- 목회자 영적 케어: 수양회 및 가정 회복 프로그램

**선교사**

- **영적 케어:** 말씀과 기도
- **정서적 케어:** 멘토링과 돌봄
- 선교 현장 속 제자로서의 삶 동역

---

### M2G Ministries와 함께 하나님 나라를 세워가는 방법

**M2G Ministries 대표 노창수 목사**
5242 Lincoln Ave. STE. C2,
Cypress, CA 90630
Email um2g2025@gmail.com
Phone 714-293-7859

**후원 안내**
US Bank
Routing Number 122235821
Accounting Number 157540346952
Zelle um2g2025@gmail.com

❙ 국제제자훈련원은 건강한 교회를 꿈꾸는 목회의 동반자로서 제자 삼는 사역을 중심으로 성경적 목회 모델을 제시함으로 세계 교회를 섬기는 전문 사역 기관입니다.

## 불공평한 은혜

**초판 1쇄 인쇄** 2025년 11월 21일
**초판 1쇄 발행** 2025년 11월 28일

**지은이** 노창수

**펴낸이** 오정현
**펴낸곳** 국제제자훈련원
**등록번호** 제2013-000170호(2013년 9월 25일)
**주소** 서울시 서초구 효령로68길 98(서초동)
**전화** 02)3489-4300  **팩스** 02)3489-4329
**이메일** dmipress@sarang.org

이 책은 저작권법에 의해 보호를 받는 저작물이므로 저자와 출판사의 허락 없이
내용의 일부를 인용하거나 발췌하는 것을 금합니다.

ISBN 978-89-5731-956-7   03230

※ 책값은 뒤표지에 있습니다. 잘못된 책은 구입하신 곳에서 교환해드립니다.